DISCLAIMER

The author and publisher are providing this book and its contents on an "as is" basis and make no representations or warranties of any kind with respect to this book or its contents. The author and publisher disclaim all such representations and warranties, including but not limited to warranties of merchantability. In addition, the author and publisher do not represent or warrant that the information accessible via this book is accurate, complete, or current.

Except as specifically stated in this book, neither the author nor publisher, nor any authors, contributors, or other representatives will be liable for damages arising out of or in connection with the use of this book. This is a comprehensive limitation of liability that applies to all damages of any kind, including (without limitation) compensatory; direct, indirect, or consequential damages; loss of data, income, or profit; loss of or damage to property; and claims of third parties.

Extra Graphic Material From: www.freepik.com
Thanks to: Alekksall, Starline, Pch.vector, Rawpixel.com, Vectorpocket, Dgim-studio, Upklyak, Macrovector, Stockgiu, Pikisuperstar & Freepik.com Designers

This Book Comes With Free Bonus Puzzles

Available Here:

BestActivityBooks.com/WSBONUS20

5 TIPS TO START!

1) HOW TO SOLVE

The Puzzles are in a Classic Format:

- Words are hidden without breaks (no spaces, dashes, ...)
- Orientation: Forward & Backward, Up & Down or
  in Diagonal (can be in both directions)
- Words can overlap or cross each other

2) ACTIVE LEARNING

To encourage learning actively, a space is provided next to each word to write down the translation. The **DICTIONARY** allows you to verify and expand your knowledge. You can look up and write down each translation, find the words in the Puzzle then add them to your vocabulary!

3) TAG YOUR WORDS

Have you tried using a tag system? For example, you could mark the words which have been difficult to find with a cross, the ones you loved with a star, new words with a triangle, rare words with a diamond and so on...

4) ORGANIZE YOUR LEARNING

We also offer a convenient **NOTEBOOK** at the end of this edition.
Whether on vacation, travelling or at home, you can easily organize your new knowledge without needing a second notebook!

5) FINISHED?

Go to the bonus section: **MONSTER CHALLENGE** to find a free game offered at the end of this edition!

Want more fun and learning activities? It's **Fast and Simple!**
An entire Game Book Collection just **one click away!**

Find your next challenge at:

BestActivityBooks.com/MyNextWordSearch

Ready, Set... Go!

Did you know there are around 7,000 different languages in the world? Words are precious.

We love languages and have been working hard to make the highest quality books for you. Our ingredients?

A selection of indispensable learning themes, three big slices of fun, then we add a spoonful of difficult words and a pinch of rare ones. We serve them up with care and a maximum of delight so you can solve the best word games and have fun learning!

Your feedback is essential. You can be an active participant in the success of this book by leaving us a review. Tell us what you liked most in this edition!

Here is a short link which will take you to your order page.

BestBooksActivity.com/Review50

Thanks for your help and enjoy the Game!

Linguas Classics Team

1 - Antiques

```
X B Q X I T I L A U K S E X
R R A Y A G C N B G N E P O
R Z D R S Z V I A L I N B K
U K A W A I T M D W B I Q P
P D O L I N P E R A B O T E
E L E L B I G N I L I Y S L
M A A K R V X K H E I Q F A
U M R N A G E L E X N M V B
L A C B U D A C D M N W L U
I Y A R L X G L L W A W T R
H T Z H A R G A E W S S N A
A Q S Y L C B T W R A H B N
N A G N O L E L K H I H A S
D G D U D O C B L A H Z T F
```

SENI
LELONGAN
SAHIH
ABAD
SYILING
DEKAD
HIASAN
ELEGAN
PERABOT
GALERI

PELABURAN
BARANG KEMAS
LAMA
HARGA
KUALITI
PEMULIHAN
ARCA
GAYA
LUAR BIASA
NILAI

2 - Food #1

```
L G O Y S U J P F A N U T L
E A M P W A L U G P B J L O
M R Q S D A L F Y R A N O B
O A T K Z G I A N I W Y B A
N M A E P H S E D K A K A K
I V Q B X C A W L O N O K K
R I P Z W W B Y S T G K M A
E S U P X T W O I U P K E C
B K A Y U M A N I S S F R A
W A U Q D F A W I O G U A N
A X Y I T V L Z H S I I H G
R O K A C V I A C S O I C T
T T P G M G X Q F F A B X R
S B A R L I Q J L Z R P G R
```

APRIKOT	PIR
BARLI	SALAD
BASIL	GARAM
LOBAK MERAH	SUP
KAYU MANIS	BAYAM
JUS	STRAWBERI
LEMON	GULA
SUSU	TUNA
BAWANG	LOBAK
KACANG	

3 - Measurements

```
K P F L M E T E R M F E E P
A I A P U D I L I J O J M E
N I L N S X N J C S E V I R
A J K O J M C P G Y H Y N P
M A S S G A I L I T E R I U
A Z B C J R N L E B A R T L
L A A Y Y G A G X W Z U D U
A H I B F Q T M Q Y J S V H
D U T S E N T I M E T E R A
E N N B E R A T B A D A N N
K W W S K E T I N G G I A N
P J J U K O R T L D M G K Y
J I S I M K I L O M E T E R
L P N Y J Z G M T Q Q H P E
```

BAIT	PANJANG
SENTIMETER	LITER
PERPULUHAN	JISIM
IJAZAH	METER
KEDALAMAN	MINIT
GRAM	AUNS
KETINGGIAN	TAN
INCI	JILID
KILOGRAM	BERAT BADAN
KILOMETER	LEBAR

4 - Farm #2

```
P L T R A K T O R E A D V B
A A L A B M E G G R I Z X C
D S M O R C H A R D V K V G
A G U L L A M A Q B A R L I
N N D S D O M B A C J N J J
G A S I U G A N D U M A F R
Y B P E T A N I A O Z N L S
J A G U N G I U J W C A D A
O T M B P L T R L J I K J Y
J W E G D B I J N Y F A A U
L F G G D U K R L C E M H R
V H O Y N A R I A G N E P F
R T P M S H Y F K X U H B K
E K K A M B I N G T R Y R C
```

HAIWAN	LLAMA
BARLI	PADANG
BANGSAL	SUSU
JAGUNG	ORCHARD
ITIK	DOMBA
PETANI	GEMBALA
MAKANAN	TRAKTOR
BUAH	SAYUR
PENGAIRAN	GANDUM
KAMBING	

5 - Books

```
I  P  C  P  Y  K  I  P  E  C  A  O  O  X
N  E  E  E  T  O  P  E  N  U  L  I  S  W
V  M  R  N  R  N  A  M  A  L  A  H  Y  G
E  B  I  G  E  T  R  E  L  E  V  A  N  B
N  A  T  E  L  E  V  O  N  L  Z  E  X  S
T  C  A  M  G  K  A  T  A  W  U  R  I  A
I  A  M  B  I  S  K  E  L  O  K  C  G  S
V  V  P  A  R  C  Z  C  T  J  G  J  U  T
E  J  U  R  A  W  Q  D  R  R  Y  J  Y  E
H  G  I  A  H  F  N  K  R  F  A  S  I  R
S  P  S  A  S  E  J  A  R  A  H  G  D  A
S  I  I  N  B  E  R  B  E  L  A  H  I  W
E  B  R  O  U  E  C  Z  P  V  C  T  F  S
Y  U  R  I  W  D  I  T  U  L  I  S  B  S
```

PENGEMBARAAN	SASTERA
PENULIS	NOVEL
WATAK	HALAMAN
KOLEKSI	PUISI
KONTEKS	PEMBACA
BERBELAH	RELEVAN
EPIK	SIRI
SEJARAH	CERITA
LUCU	TRAGIS
INVENTIVE	DITULIS

6 - Meditation

```
M  L  J  Q  X  X  B  T  K  P  P  P  P  F
E  E  V  U  D  N  E  E  E  E  E  E  E  I
M  R  N  Z  N  A  R  N  B  R  R  R  N  K
O  C  C  T  M  S  N  A  A  G  S  H  E  I
S  U  A  A  A  A  N  I  E  P  A  R  R
I  J  N  F  Z  L  F  G  K  R  E  T  I  A
D  C  A  I  O  E  A  T  A  A  K  I  M  N
W  S  N  S  V  J  S  L  N  K  T  A  A  T
D  I  A  M  S  E  G  S  F  A  I  N  A  A
X  F  M  J  Y  K  M  A  O  N  F  O  N  B
Z  I  A  M  U  M  U  Z  I  K  Y  I  M  I
F  N  E  P  K  J  F  P  G  B  F  X  L  A
U  N  K  U  U  W  F  Y  E  U  P  P  H  T
A  G  A  J  R  E  T  M  U  V  F  U  Z  I
```

PENERIMAAN   KEBAIKAN
PERHATIAN   MENTAL
TERJAGA   PERGERAKAN
BERNAFAS   MUZIK
TENANG   SIFAT
KEJELASAN   KEAMANAN
EMOSI   PERSPEKTIF
SYUKUR   DIAM
TABIAT   FIKIRAN

7 - Days and Months

```
N O V E M B E R I J X D P M
R E B M E T P E S U B A R W
J M I N G G U B N L G H C K
A S B S Q L T O I A U A B H
N H P U E I T T N I X J W Q
U C O X L R W K A S A B T U
A M C C W A K O F A G K B M
R A I P P U N A L W M A N T
I C B M X R Z E L Y I U X G
T A H U N B P V I E U T J O
E A S A L E S Y R V N G B G
G Q G F V F K K P E P D T O
A C V X N Y K H A M I S A S
M I O I U L M W W H Z X R R
```

APRIL	NOVEMBER
OGOS	OKTOBER
KALENDAR	SABTU
FEBRUARI	SEPTEMBER
JUMAAT	AHAD
JANUARI	KHAMIS
JULAI	SELASA
MAC	RABU
ISNIN	MINGGU
BULAN	TAHUN

8 - Energy

```
E  Y  I  A  D  Z  T  Q  M  D  J  M  P  P
E  L  R  M  Y  H  U  O  O  G  D  R  N  E
R  N  E  Z  R  A  R  Q  P  A  W  L  H  N
Y  X  T  K  O  B  B  L  E  S  E  I  D  C
B  P  A  R  T  A  I  A  R  R  O  R  H  E
A  Y  B  H  O  R  N  G  S  B  V  T  I  M
T  L  Z  L  M  P  I  W  E  S  U  S  D  A
F  O  T  O  N  H  I  K  K  E  M  U  R  R
W  R  K  A  R  B  O  N  I  Z  Z  D  O  A
A  T  M  G  I  Z  P  J  T  E  I  N  G  N
L  E  Y  Z  H  I  U  C  A  B  N  I  E  V
I  P  A  N  A  H  A  B  R  C  C  J  N  P
V  N  U  K  L  E  A  R  A  M  B  N  I  D
E  L  E  K  T  R  O  N  N  I  G  N  A  N
```

BATERI	HABA
KARBON	HIDROGEN
DIESEL	INDUSTRI
ELEKTRIK	MOTOR
ELEKTRON	NUKLEAR
ENJIN	FOTON
ENTROPI	PENCEMARAN
PERSEKITARAN	WAP
BAHAN API	TURBIN
PETROL	ANGIN

9 - Chess

```
U K D N A N A B R O G N E P
N N K I P E R A T U R A N E
X V T W A T C A B A R A N M
P D P U I G F P T R E Q A A
J X R V K V O Q L A V E N I
L A W A N B Y N A U M O A N
P A N D A I E A A J A R H P
P A S I F L K L Z L T T O U
S T R A T E G I A Q I I J T
P E R M A I N A N J H W E I
U X P C K T E P O F A Q K H
T K N P B Z G Y Q H S R E Y
I V V K F B H K C R A T U T
H R J J J T T L F N M J W W
```

HITAM	MATA
CABARAN	RATU
JUARA	PERATURAN
PANDAI	PENGORBANAN
DIAGONAL	STRATEGI
PERMAINAN	MASA
RAJA	UNTUK BELAJAR
LAWAN	KEJOHANAN
PASIF	PUTIH
PEMAIN	

10 - Archeology

```
T A R E J Y L Y Q Z N T P K
K A N A U M E N E P A E E M
J E M A K U B U R H N R N D
Y S T A L I S O F Y T L Y L
P E O U D I O V R I I U E X
E R T H R U S S Z C K P L P
N P M E A U N I W S U A I A
I I U B K B N Y S A I B D S
L H I G A G N A L U T R I U
A A U V P T X Z N L I U K K
I N T E M B I K A R H P E A
A M M I S T E R I L E K J N
N Q A K I C Q K N D F E B X
N F V I W V L K X Y G P O T
```

ANALISIS	TERLUPA
PURBA	FOSIL
ANTIKUITI	SERPIHAN
TULANG	MISTERI
TAMADUN	OBJEK
KETURUNAN	TEMBIKAR
ERA	PENYELIDIK
PENILAIAN	PASUKAN
PAKAR	KUIL
PENEMUAN	KUBUR

11 - Food #2

```
T  I  I  O  T  M  O  Q  T  I  T  K  Z  H
E  Y  L  M  O  L  S  O  E  E  L  D  M  X
R  H  A  M  M  K  S  P  T  A  L  K  O  C
U  Y  P  J  A  P  I  S  A  N  G  U  S  H
N  O  E  N  T  K  T  B  S  G  N  O  R  E
G  G  D  A  O  E  A  N  G  G  U  R  A  R
K  U  A  W  P  J  S  A  E  E  V  X  Y  R
U  R  D  A  K  U  O  K  K  M  B  H  N  Y
Y  T  X  D  Y  K  N  I  A  U  T  L  G  B
R  Y  C  N  D  A  I  R  E  D  A  S  C  F
B  I  H  E  U  N  M  W  G  N  J  A  S  S
P  A  P  C  Y  C  L  L  I  A  K  R  X  T
A  R  T  I  C  H  O  K  E  G  I  E  B  O
B  R  O  K  O  L  I  R  X  X  H  B  D  Y
```

EPAL	TERUNG
ARTICHOKE	IKAN
PISANG	ANGGUR
BROKOLI	HAM
SADERI	KIWI
KEJU	CENDAWAN
CHERRY	BERAS
AYAM	TOMATO
COKLAT	GANDUM
TELUR	YOGURT

12 - Chemistry

```
L U K E L O M C E A T O M Y
B I L A K L A E N I K W N H
E O O H A B A C Z B I G U H
R N R G A H P A I H K P K J
A D I S A L Q I M W G P L Z
T H N L Q N N R O A P J E H
B W E Y Q F N M T V R P A K
A W G R S O A M Y X P A R A
D N O R T K E L E S A G G R
A X R N G S S Z Q U U E O B
N P D N V I L Y I J D H S O
N K I N A G R O N G J S U N
B O H L D E W S H H T N P J
J P W A Z N I K G N A M E P
```

ASID	HIDROGEN
ALKALI	ION
ATOM	CECAIR
KARBON	MOLEKUL
PEMANGKIN	NUKLEAR
KLORIN	ORGANIK
ELEKTRON	OKSIGEN
ENZIM	GARAM
GAS	SUHU
HABA	BERAT BADAN

13 - Music

```
A P O P A Q T U H L K W H Q
L Z E P N Y O N A M A K A R
B U H M E O Y I R B O K U V
U Y R S U R O K M E M I O M
M B X O R Z A L O R U B J V
K L A S I K I S N I W B C L
I R A M A M D K I R I L J A
B H M G S I O M K A A L A T
W U V S W K L E D M W N O B
M U Z I K R E X E A F W B U
V J E Q V O M H A R M O N I
S V R S Q F M E N Y A N Y I
U B F W J O B A L A D A D A
I Y N A Y N E P U I T I S D
```

ALBUM	MUZIK
BALADA	PEMUZIK
KORUS	OPERA
KLASIK	PUITIS
HARMONIK	RAKAMAN
HARMONI	IRAMA
ALAT	BERIRAMA
LIRIK	MENYANYI
MELODI	PENYANYI
MIKROFON	VOKAL

14 - Farm #1

```
P R A A J A B C R P E P C L
E N G N I B M A K A P Y Z U
R U N A M M A F N G A E P F
T Z I K A R A W I A D L E K
A G C L R O W D O R A V W Z
N A U E E K A B U Q N Y F C
I G K M J J L Y T X G B I T
A A C B E Y Z E A B I S O N
N K K U B M E L B M A A W V
B E N I H A I R Q A L R C K
C L V K U D A M R B H E C K
H U U Y W A V I P N S B D K
A N J I N G M M A T Z Y O R
L W H K Z H J H N Y M K T O
```

PERTANIAN	PAGAR
LEBAH	BAJA
BISON	PADANG
ANAK LEMBU	KAMBING
KUCING	JERAMI
AYAM	MADU
LEMBU	KUDA
GAGAK	BERAS
ANJING	BENIH
KELDAI	AIR

15 - Camping

```
P Y P O A J G N J K V S S W
A E Z D M A P A T H Z S E H
B B N A W I A H A E P G R G
N T A G T P T S S M P U A A
J Q T P E A E X I A Q N N P
L Y U N O M P R K H X U G T
W K H S P K B T A L I N G A
I A S R I A O A Y C V G A K
H N S N E F B K R B U L A N
G U A N S N A F H A M X N T
T O P I T Z O T I H A M B B
M E M B U R U S P D N N V N
Q Y O A B U A I A N K B L Y
N A K K O N O R E Y N E M O
```

PENGEMBARAAN	MEMBURU
HAIWAN	SERANGGA
KABIN	TASIK
KANU	PETA
KOMPAS	BULAN
API	GUNUNG
HUTAN	SIFAT
MENYERONOKKAN	TALI
BUAIAN	KHEMAH
TOPI	POKOK

16 - Cats

```
S F G P B D R H T P F C C Y
N P K W L U U D I E Q A R T
T I K U S I L Z D R L K O Z
A J E K O R A U U S E A P B
V H N L D O M R R O M R J A
P E M B U R U H L N S M V S
G I L A L U Z B S A B E B E
G Y R G Z U V T H L D B O D
E G F O X F C D V I I E T I
I O S L I U B U G T D N C K
P E N Y A Y A N G I C A I I
I N G I N T A H U A N N P T
S U K A B E R M A I N G N W
T A P A K K A K I C E P A T
```

PENYAYANG	TIKUS
CAKAR	TAPAK KAKI
GILA	PERSONALITI
INGIN TAHU	SUKA BERMAIN
CEPAT	MALU
LUCU	TIDUR
BULU	EKOR
PEMBURU	LIAR
BEBAS	BENANG
SEDIKIT	

17 - Algebra

```
T A K T E R H I N G G A W M
P E R S A M A A N P E G Z E
K R V S S A L A H T V F G M
S U N A K A L O N E P Z B U
C I R R D I G R A F J A A D
N N F U W Q R A E N I L H A
E E A A N K Q T M K N U A H
D N X R R G H Y A T P M G K
N O M B O R A U S M B R I A
F P T Z E W J N A A M O A N
S S D O T P A Z L S W F N T
K K T Q O Q R N A H A C E P
B E F A K T O R H A B U Z R
P E N Y E L E S A I A N V V
```

RAJAH   LINEAR
BAHAGIAN   MATRIKS
PERSAMAAN   NOMBOR
EKSPONEN   KURUNGAN
FAKTOR   MASALAH
SALAH   MEMUDAHKAN
FORMULA   PENYELESAIAN
PECAHAN   PENOLAKAN
GRAF   UBAH
TAK TERHINGGA   SIFAR

18 - Numbers

```
E T I G A S E P U L U H I S
U M T U J U H B E L A S U I
Y A P B C Y Z S K B N S S F
Q N E A P H N A P A L A A A
S E U D T R P T C T L L L R
D D U A L B H U J U T E E E
K U M S I G E F W R Z B B S
K U A A M S A L E B M A N E
E L J P A P U H A K S U A U
Q P M G U D B U V S L D P B
E M P A T L S E M B I L A N
A N A H U L U P R E P W L N
J P K R N V H H C F V G H V
T I G A B E L A S W W K B V
```

PERPULUHAN
LAPAN
LAPAN BELAS
LIMA
EMPAT
EMPAT BELAS
SEMBILAN
SATU
TUJUH
TUJUH BELAS

ENAM
ENAM BELAS
SEPULUH
TIGA BELAS
TIGA
DUA BELAS
DUA PULUH
DUA
SIFAR

19 - Spices

```
R Q K A Y U M A N I S G K P
B D U C G L P J Y O K A A A
B U F E N U G R E E K R R H
K Y N M A N I S U G N A I I
S D F G W G V T T N T M O T
P H M F A Q A K I R P A P H
J A N N B V K L V A N I L A
D L P K Z N E X E P A L A B
H I K G N E C R Z P N J L I
U A I U A H Z G A P H Y R C
J F Y R T W S E V S U A D B
A D A S N W P M J K A W U T
C C L Q I S A F F R O N C B
P Y J L J K E T U M B A R F
```

BUNGA
PAHIT
BUAH PELAGA
KAYU MANIS
CENGKIH
KETUMBAR
JINTAN
KARI
ADAS
FENUGREEK

RASA
HALIA
PALA
BAWANG
PAPRIKA
SAFFRON
GARAM
MANIS
VANILA

20 - Universe

```
K  I  L  H  J  K  E  G  E  L  A  P  A  N
H  E  M  I  S  F  E  R  A  P  G  X  E  M
L  A  N  E  C  I  T  S  L  O  S  M  D  U
V  N  R  P  O  K  S  E  L  E  T  W  K  T
Y  A  H  W  N  O  Z  I  R  O  H  D  I  K
G  S  Y  Z  D  U  T  I  G  N  O  L  M  Z
B  A  U  Z  O  I  M  O  N  O  R  T  S  A
A  U  L  K  N  L  O  Y  K  A  I  D  O  Z
C  S  L  A  G  Y  O  R  A  L  O  S  K  V
F  P  E  A  X  F  U  Y  E  D  T  C  K  T
K  B  J  G  N  Y  U  D  U  T  I  T  A  L
L  A  N  G  I  T  I  B  R  O  S  R  G  I
K  E  L  I  H  A  T  A  N  F  D  A  F  Q
K  H  A  T  U  L  I  S  T  I  W  A  M  W
```

ASTEROID	LONGITUD
ASTRONOMI	BULAN
SUASANA	ORBIT
KOSMIK	LANGIT
KEGELAPAN	SOLAR
KHATULISTIWA	SOLSTICE
GALAXY	TELESKOP
HEMISFERA	CONDONG
HORIZON	KELIHATAN
LATITUD	ZODIAK

21 - Mammals

```
J  S  W  L  P  K  M  V  G  D  V  S  R  N
K  S  I  G  E  T  O  Y  O  C  O  F  H  K
Z  K  W  N  P  G  N  I  J  N  A  M  Q  K
T  I  N  A  G  N  Y  L  L  V  L  L  B  F
A  Z  R  G  X  A  E  I  U  R  A  G  K  A
R  E  R  A  O  V  T  I  M  C  G  A  U  L
N  B  N  K  F  K  W  G  B  Z  I  J  C  I
A  R  O  O  R  A  G  N  A  K  R  A  I  R
B  A  W  W  G  V  H  A  L  A  E  H  N  O
L  E  M  B  A  G  A  U  U  P  S  D  G  G
L  K  Z  C  I  V  L  R  M  A  O  J  R  P
D  F  N  F  Q  L  E  E  B  U  J  V  M  H
M  E  M  A  N  G  Y  B  A  S  K  U  D  A
U  A  Y  H  T  I  V  Z  Z  M  K  S  U  U
```

BERUANG	GORILA
MEMANG	KUDA
LEMBAGA	KANGAROO
KUCING	SINGA
COYOTE	MONYET
ANJING	ARNAB
LUMBA-LUMBA	DOMBA
GAJAH	PAUS
FOX	SERIGALA
ZIRAFAH	ZEBRA

22 - Bees

```
B K E P E L B A G A I A N T
S E I B L O S S O M U A O G
H H R O T A N I L L O P B F
A S A M S E R A N G G A E J
B E H L A B U A H N V G R T
I S A Z X N N X W A E N K A
T U T A R A F B L R K U E M
A K A G V H P A S A O B M A
T T M N L U F W A S S W B N
M A D U I B Q T S T I I A K
G W O B L M E Q Y D S R N T
Y C K E I U R I V T T J G Z
N C H D N T X O K R E G G Y
M A K A N A N D M M M X U V
```

BERMANFAAT   MADU
BLOSSOM   SERANGGA
KEPELBAGAIAN   TUMBUHAN
EKOSISTEM   DEBUNGA
BUNGA   POLLINATOR
MAKANAN   RATU
BUAH   ASAP
TAMAN   MATAHARI
HABITAT   BERKEMBANG
SARANG   LILIN

23 - Weather

```
R I B U T P A K H K A I N Y
B E Q J Z E N K U I Z I U O
S U H U L L G D R T G K S T
A W A N E A I K U D U N N J
D G B T T N N O G O C B O L
F N H Z U G N A N E T M M J
T I T A L I K E M A R A U Y
V R V V H D T S L A N G I T
M E O C Q J D R W P A P S R
S K P P F I P K M M D G W K
R O P W I K K A B U S W H O
D P E B V K I K L I M Q K P
Y R N A F U A T O R N A D O
R S U A S A N A U P T H U L
```

SUASANA	MONSUN
TENANG	KUTUB
IKLIM	PELANGI
AWAN	LANGIT
KEMARAU	RIBUT
KERING	SUHU
KABUS	GURUH
TAUFAN	TORNADO
AIS	TROPIKA
KILAT	ANGIN

24 - Adventure

```
A T Z U K E C A N T I K A N
K N A A R I B M E G E K R V
T A F I S A N A V I G A S I
I W K D A A B M O L E K K M
V A E E N A A I D E S R E P
I K S S B L L Z F W I X B O
T S E T P E P G N A U L E P
I E L I G R R Q A L P T R E
L M A N W M Y B T M V U A S
B A M A W D D S A M S A N T
Q N A S O Z J I W H P A I I
R G T I Z H A N A R A B A C
E A A H Y R F X L M D Y N G
H T N A N A L A J R E P A G
```

AKTIVITI	KAWAN
KECANTIKAN	KEGEMBIRAAN
KEBERANIAN	SIFAT
CABARAN	NAVIGASI
PELUANG	BARU
BERBAHAYA	PERSEDIAAN
DESTINASI	KESELAMATAN
SEMANGAT	PERJALANAN
LAWATAN	

25 - Circus

```
N T M B U E T G A J A H P S
A L U G A L U G T Q M A A I
D P K N O T P X O V O K K N
Z E N H J B A D U T N R A G
D R A A E U M S V V Y O I A
B B K L F M K U S E E B A M
E A B E C N A K Z H T A N N
L R U H U Q N H A I N T A F
O I J U G G L E R N K D Y E
N S K X V R Y G H A I W A N
Q A A V B P K D H P Z Z L T
W N N O T N O N E P Y P E A
X I E E I H A R I M A U M Y
J L M H S I H I R O H L O H
```

AKROBAT	SIHIR
HAIWAN	MONYET
BELON	MUZIK
GULA-GULA	PERBARISAN
BADUT	TUNJUKKAN
PAKAIAN	MENAKJUBKAN
GAJAH	PENONTON
MELAYAN	KHEMAH
JUGGLER	HARIMAU
SINGA	HELAH

26 - Geology

```
M S Q O P K A L S I U M S G
I T B Q R M Y P F T I O M E
N A D A L A V A S G P K N M
E L D Z T R A U Q N A C A P
R A M A B U K I T A R A N A
A K I P T D O H F R E C A B
L T B J O A O T C A B P S U
G I I J Z K R A X K G T I M
B T X E D B P A U B N S P I
F G U A U H T A N E U G A Y
G O H A K I S A N N N A L C
L U S G E Y S E R U U R J Y
E N L I A S I D M A G A D Y
F Z Q B L A T S I R K M U X
```

ASID	GEYSER
KALSIUM	LAVA
GUA	LAPISAN
BENUA	MINERAL
KARANG	DATARAN
KRISTAL	QUARTZ
KITARAN	GARAM
GEMPA BUMI	STALAKTIT
HAKISAN	BATU
FOSIL	GUNUNG BERAPI

27 - House

```
T C A D F Z Y N B P T L L I
I E P E T O B A R E P A A F
N R K Q H G N E T O L N M L
G M U P A Y N E P A X T P A
K I N R M Y A S J J P A U N
A N C R S E M Z K I L I B G
P A I G W G A D A P U R A S
S I H B A U T N I P A A S I
O D D U C R J V Z X H G E R
M N E F N M A I B N N A M X
W A Q K X E N J A U X P E C
A M J O G P C Y H Y V I N F
Z I S C D I N D I N G Y T K
P E R P U S T A K A A N Z L
```

LOTENG
BASEMENT
PENYAPU
LANGSIR
PINTU
PAGAR
LANTAI
PERABOT
GARAJ
TAMAN

KUNCI
DAPUR
LAMPU
PERPUSTAKAAN
CERMIN
ATAP
BILIK
MANDIAN
DINDING
TINGKAP

28 - Physics

```
K I M I A N N M O G S A G N
H Z U H X S A Q O M R T C A
Y P S P Z J P Q G L A O O F
K E T U M P A T A N E M Z I
J I S I M M R E L O L K R T
M U K Q G B E N U R K H U A
E O E E F Q K G M T U U H L
K X N G L B E A R K N R A E
A E R G M A K M O E B U B R
N K N O B V J V F L V H U E
I A Y J N A T U C E P A K K
K U G O I C K L A T C R N R
D W T O E N V S S N C A S U
P E N G E M B A N G A N Y W
```

PECUTAN
ATOM
HURU-HARA
KIMIA
KETUMPATAN
ELEKTRON
ENJIN
PENGEMBANGAN
FORMULA
KEKERAPAN

GAS
MAGNET
JISIM
MEKANIK
MOLEKUL
NUKLEAR
HABUK
KERELATIFAN
KELAJUAN

29 - Dance

```
T R A D I S I O N A L Y B P
I Z N A K A R E G R E P I M
I R A M A R I B M E G N A E
N Q H Y Z Z S M M Z Q S Z L
E M I L A U S I V U K O V O
S E T L A D B E I T Z F O M
S G A M I A U D M H D I Y P
W D L T Q E K B E V T S K A
B A D A N N M L D J A E E T
P O S T U R J D A Q X R M A
U S E G Z V G U K S K P O M
K E B U D A Y A A N I S S H
R A K A N K O N G S I K I A
D K O R E O G R A F I E G R
```

AKADEMI	GEMBIRA
SENI	MELOMPAT
BADAN	PERGERAKAN
KOREOGRAFI	MUZIK
KLASIK	RAKAN KONGSI
KEBUDAYAAN	POSTUR
BUDAYA	LATIHAN
EMOSI	IRAMA
EKSPRESIF	TRADISIONAL
RAHMAT	VISUAL

30 - Coffee

```
N W T C E R F P N H M N Z P
I H V F G J B L A S A R S E
W H O T Z U V A W G T M U N
D I M E N G I S A R I A S A
F D T R H M A A C Y H L U P
B W E C T P G M R T O Y O I
C E C A I R A B I O Q R K S
K R I M H I B A I N M C T N
Z G R Q A A L U G I U A G V
A D R G P Y E Q H J Q M Z H
M T D M A Z P B S M K M A U
Q O P Q K A F E I N X V H N
P A N G G A N G H A R G A X
I Q K K T C P J X X R V V Y
```

AROMA	CECAIR
MINUMAN	SUSU
PAHIT	PAGI
HITAM	ASAL
KAFEIN	HARGA
KRIM	PANGGANG
CAWAN	GULA
PENAPIS	PELBAGAI
RASA	AIR
MENGISAR	

31 - Colors

```
R E D J M T H A L M P K B U
U L O V A A O O S E U U V A
A H T Q T L G N X R T N H C
P Q V Y I K U E M A I I B R
T F H O H O B Y N H H N U M
S E P I A C A I E T L G A E
I J K E E B L P R J A Z K R
N Q C B U A E M O U G N U A
D B Z D F J K V Y S I A N H
I E R U Z A J H I S Y R T J
G I F K R N D I H O M H H A
O G R W V O L J R S L T T M
Z E Y A U T I A S K H E Y B
F U C H S I A U W P M E T U
```

AZURE
BEIGE
HITAM
BIRU
COKLAT
SIAN
FUCHSIA
HIJAU
KELABU
INDIGO

MAGENTA
OREN
MERAH JAMBU
UNGU
MERAH
SEPIA
VIOLET
PUTIH
KUNING

32 - Scientific Disciplines

```
B U K U V E I F K N U J A A
T O I R P S M I I E A Y S R
E G T S V H U S N U N T T K
R E S A L H N I E R A I R E
M O I I N T O O S O T F O O
O L U M C I L L I L O P N L
D O G I J M O O O O M S O O
I G N K G R G G L G I I M G
N I I O J O I I O I B K I I
A K L I J Q L I G O L O I B
M I I B B E L O I X W L T N
I M M E K A N I K K I O O T
K I Z O O L O G I E Q G T L
B A S O S I O L O G I I T P
```

ANATOMI
ARKEOLOGI
ASTRONOMI
BIOKIMIA
BIOLOGI
BOTANI
KIMIA
EKOLOGI
GEOLOGI
IMUNOLOGI

KINESIOLOGI
LINGUISTIK
MEKANIK
NEUROLOGI
FISIOLOGI
PSIKOLOGI
SOSIOLOGI
TERMODINAMIK
ZOOLOGI

33 - Science

```
T U M B U H A N T B H X I Q
D J T G X A S I F A T L R I
E K S P E R I M E N T U W A
G N I K L A M K A M F K Q I
R T W R Z Z E F H E I E A P
A O R G A N I S M A Z L T F
V P K A E D A H I Q I O A V
I P J A I E Z B L G K M D S
T U R K T M V I K J L D M O
I M P L B T I O I A V H S O
S A I N T I S K L I S O F A
D M I N E R A L U U S B W T
B Y K M Z V J G U H S Z A O
Y I T C S I S E T O P I H M
```

ATOM	MAKMAL
KIMIA	KAEDAH
IKLIM	MINERAL
DATA	MOLEKUL
EVOLUSI	SIFAT
EKSPERIMEN	ORGANISMA
FAKTA	ZARAH
FOSIL	FIZIK
GRAVITI	TUMBUHAN
HIPOTESIS	SAINTIS

34 - Beauty

```
M Q O G D L W E W J N A W K
K I T U P M A Y S T Q N A E
O D N F K O N P B O O O R A
S F N Y R C G K Q M L S N N
M L M E A I I U A B T E A G
E P M L U K A L Y C K P K G
T Z V D M X N I B Y N R G U
I K I N E G O T O F L O I N
K C D A R A K S A M S D N A
E L E G A N Q K E M E U C N
S T Y L I S T F R U H K U E
U R A W G U N T I N G A D D
R Z O C E R M I N E K D R G
P E R K H I D M A T A N D H
```

PESONA   CERMIN
WARNA   MINYAK
KOSMETIK   FOTOGENIK
KEANGGUNAN   PRODUK
ELEGAN   BAU
WANGIAN   GUNTING
RAHMAT   PERKHIDMATAN
GINCU   SYAMPU
SOLEK   KULIT
MASKARA   STYLIST

35 - Clothes

```
O G P H L R Y S G R Q N T C
S N E Y S E F W N N R S I F
Z A B B F L C E A A U E D Q
K G R T O P I A D I D L Q D
O G K U J A B T N A I U A Z
T N B A N F N E E K T A Z K
R I C T S G U R L A U R X G
I P H H X U T J E P J I U H
K I N L C H T A S N A E J G
S L J A K E T D N X B H R E
X A I D X S Z B Y G H Y C L
F T I N O R P A J N A N S A
B A R A N G K E M A S N R N
S G B S I G U Y H K V E S G
```

APRON
TALI PINGGANG
GELANG
KOT
PAKAIAN
FESYEN
SARUNG TANGAN
TOPI
JAKET
JEANS

BARANG KEMAS
KALUNG
BAJU TIDUR
SELUAR
SANDAL
SELENDANG
BAJU
KASUT
SKIRT
SWEATER

36 - Astronomy

```
P  W  M  I  M  U  G  C  Q  L  D  S  B  B
L  T  A  D  X  F  I  E  H  Z  R  A  A  U
A  N  A  H  R  E  G  T  J  C  U  T  N  L
N  A  I  T  A  H  R  E  M  E  P  E  G  A
E  F  I  N  S  O  L  A  R  I  K  L  K  N
T  S  D  E  B  M  E  T  E  O  R  I  A  E
E  V  S  B  J  U  R  U  B  E  T  T  S  G
K  I  L  U  B  Y  M  A  Y  H  M  R  A  A
O  C  U  L  X  O  N  I  U  Q  E  L  W  L
R  S  O  A  A  S  T  E  R  O  I  D  A  A
B  Y  J  S  R  A  D  I  A  S  I  Q  N  X
O  B  A  Y  M  L  A  N  G  I  T  B  B  Y
L  I  N  A  V  O  N  R  E  P  U  S  N  W
Z  O  D  I  A  K  S  E  A  H  W  B  S  W
```

ASTEROID	NEBULA
ANGKASAWAN	PEMERHATIAN
BURUJ	PLANET
COSMOS	RADIASI
BUMI	ROKET
GERHANA	SATELIT
EQUINOX	LANGIT
GALAXY	SOLAR
METEOR	SUPERNOVA
BULAN	ZODIAK

37 - Health and Wellness #2

```
P A L E R G I Z S P P F B K
D E K C J N E K D E M P V I
E S N A N A K E T M U R U T
H E E Y I T K D A U V J E E
I L P L A I Y D H L I H P N
D E R I N K N Z I I T O E E
R R R K J G I R S H A S M G
A A D F J N T T M A M P A A
S X A A I A D E A N I I K N
I E V V R J F I N E N T A A
Z J U P O A P D Z A M A N T
H K M V L B H C P S G L A O
U T Q X A X W K L N W A N M
V A A J K X K C M S S H J I
```

ALERGI
ANATOMI
SELERA
DARAH
KALORI
DEHIDRASI
DIET
PENYAKIT
TENAGA

GENETIK
SIHAT
HOSPITAL
JANGKITAN
URUT
PEMAKANAN
PEMULIHAN
TEKANAN
VITAMIN

38 - Time

```
B T D U R H X D D H V Z K B
D B Z T B Z W R L A W A A U
Y L D W W M T H M R B S L L
Q H O A F U G G N I M A E A
S E B E L U M I U U P P N N
T A H U N A N R H L I E D S
M R F C F C N A A G O L A E
H A H U A K C H T P M E R K
M A L A M E S H H S S S K A
D P R A M A S A D E P A N R
T I N I M R C G A Q X A M A
N G Y V I Q D N K N F G N N
J A M O H N P E E R H V A G
S P H R S I I T D M L A P I
```

SELEPAS
TAHUNAN
SEBELUM
KALENDAR
ABAD
HARI
DEKAD
AWAL
MASA DEPAN
JAM

MINIT
BULAN
PAGI
MALAM
TENGAH HARI
SEKARANG
HARI INI
MINGGU
TAHUN
SEMALAM

39 - Buildings

```
P A S A R A Y A M U Z I U M
Y S G O R F P S M E N A R A
Y E G H P L C A M A R S A Y
S K K H E M A H W R X H T O
S O R U Q A M E S A T D R C
N L A M K A M N W D G B V H
N A A H M Q L A S G N A B O
E H V A Q N A A I A A P M T
M K A B I N T T S G L Z U E
T E A T E R I U T G I C I L
R B K R V W P D A P K B D O
A W P A O W S E N A L H A U
P I Z T X A O K A L J E T E
A N A I T A H R E M E P S D
```

APARTMEN   MAKMAL
BANGSAL   MUZIUM
KABIN   PEMERHATIAN
ISTANA   SEKOLAH
PAWAGAM   STADIUM
KEDUTAAN   PASARAYA
KILANG   KHEMAH
HOSPITAL   TEATER
ASRAMA   MENARA
HOTEL

40 - Philanthropy

```
D O U K N A L U P M U K A U
W Z G L A M A M I S I O S Q
A M R E D N E M H I N M E H
W U X X Y P A I L E B U J K
J L E K I T K K N M Y N A E
K E W A N G A N K L Y I R M
A W A M A N P Z Y A I T A A
S C K P R A A E W B N I H N
D A E R U R Y M R O D A B U
A B N O J O H P F L F E K S
N A A G U W N T X G U W H I
A R L R J M A T L A M A T A
B A A A E G E Z N L F Q B A
F N N M K F L T F R E W W N
```

CABARAN	KUMPULAN
AMAL	SEJARAH
KANAK-KANAK	KEJUJURAN
KOMUNITI	KEMANUSIAAN
KENALAN	MISI
MENDERMA	PERLU
KEWANGAN	ORANG
DANA	PROGRAM
GLOBAL	AWAM
MATLAMAT	BELIA

41 - Gardening

```
B B P A S L R I N A T O B U
K O L B U N G A H U O N M B
O C L O Q C F O L I A G E E
T F X E S O H A N A T D I K
O O Y R H S I K L I M N H A
R S H A N D O W A C P S B S
A S I A M S I M T J X Y Y K
N P N A P A B M E L E K V O
I E E F E E D R A H C R O M
E S B K J G P I G K J U Z P
K I T O S K E A H S A Y O O
X E B E R M U S I M A N J S
R S B O U Q U E T T T R Y M
I C N L X R Q U I Q T P O M
```

BLOSSOM
BOTANI
BOUQUET
IKLIM
KOMPOS
BEKAS
KOTORAN
BOLEH DIMAKAN
EKSOTIK
BUNGA

FOLIAGE
HOS
DAUN
KELEMBAPAN
ORCHARD
BERMUSIM
BENIH
TANAH
SPESIES
AIR

42 - Herbalism

```
T U M B U H A N K B Z V U P
P A R S L I P I I N A M A T
B A W A N G P U T I H S J O
M S I W G H B R A I M B I X
A B K U H N A Q M O A E H L
S U Q C Y F H U O R R R T D
A N G A R O A Q R A J M A K
K G C N A E N E A D O A R J
A A J O M N D A B A R N R U
N T O R E G A N O S A F A X
S K M F S W P I E M M A G G
B E N F O D X D T V Y A O V
R A S A R M D U G W A T N S
V N N S Q F Y P A M P L U K
```

AROMATIK	BAHAN
BASIL	LAVENDER
BERMANFAAT	MARJORAM
MASAKAN	PUDINA
ADAS	OREGANO
RASA	PARSLI
BUNGA	TUMBUHAN
TAMAN	ROSEMARY
BAWANG PUTIH	SAFFRON
HIJAU	TARRAGON

43 - Vehicles

```
K I L A G N A L U N I K L I
E I N B N D G C G U E V O O
R S Y L A T R A K T O R R S
E K U V B S T L C O J E I N
T E K O R U I A P B V T R A
A T E R E K Z K Y B U U E L
A B A S T C H F A A O K T U
P Q N J L M Q J E L R S P B
I K J Z A N H Z L R O T O M
U K Y R P R Q D Q E I C K A
K J I S A A V X P G J V I E
O B E F K K J J K D Z R L H
E N J I N I P W Q B I K E R
D Y M C S T M X E C B T H B
```

KAPAL TERBANG	RAKIT
AMBULANS	ROKET
BASIKAL	SKUTER
BOT	ULANG-ALIK
BAS	TEKSI
KERETA	TAYAR
ENJIN	TRAKTOR
FERI	KERETA API
HELIKOPTER	LORI
MOTOR	

44 - Health and Wellness #1

```
G O O P K S H V I R U S B B
W Y I D L K A O J V O W E L
Z M I A I E T B R S U I R G
I A Q R N L A W O M Y Q S A
E W J G I F P O F T O I A P
F O T N K E H J O G O N N F
I Z A A I R E T K A B T T S
K A B L I S A M R A F I A B
Q S U U G B W S F P I L I B
D O K T O R A V A U T U P B
R A W A T A N T R Q K K A H
K E T I N G G I A N A L R O
Q Z T X M E W G S Z I Z E N
K E L A P A R A N A U W T T
```

AKTIF	UBAT
BAKTERIA	OTOT
TULANG	SARAF
KLINIK	FARMASI
DOKTOR	REFLEKS
PATAH	BERSANTAI
TABIAT	KULIT
KETINGGIAN	TERAPI
HORMON	RAWATAN
KELAPARAN	VIRUS

45 - Town

```
Q O C E W R H J X I V Q R U
F A R M A S I O I T O M P N
F Y E S K P T O T R R L E I
N A T E E A O Z A E B H R V
X R A K D W R T K G L T P E
O A E O A A V X L A J K U R
R S T L I G S P F L V E S S
U A C A B A T E Q E M D T I
K P V H U M A K Z R M A A T
D A R A K A D N L I Y I K I
T D F Q U U I A T I W I A P
E Y E E L P U B Q P N P A F
M U Z I U M M Y W R V I N Y
J P A S A R A N A J A Y K O
```

ROTI	MUZIUM
BANK	FARMASI
KEDAI BUKU	SEKOLAH
KAFE	STADIUM
PAWAGAM	KEDAI
KLINIK	PASARAYA
GALERI	TEATER
HOTEL	UNIVERSITI
PERPUSTAKAAN	ZOO
PASARAN	

46 - Antarctica

```
P E N Y E L I D I K G E H L
B D A P D N E G J I E M O I
K U L E T I F A R G O P O T
I A R O M F D X I X G S J Y
Q L D U L I U T A B R E B A
G U N H N J G W C O A M R T
X P X Y X G D R W U F E Y J
R C O V E B Y R A B I N C M
E T Z R I F C O X S H A P T
I S I D E P S K E B I N X W
S O Z U B S A I V E J J U L
A W A N R T V A A N V U T W
L L X W X L K U H U S N P B
G J K I F I T N I A S G B P
```

TELUK	PULAU
BURUNG	MIGRASI
AWAN	SEMENANJUNG
BENUA	PENYELIDIK
COVE	BERBATU
EKSPEDISI	SAINTIFIK
GEOGRAFI	SUHU
GLASIER	TOPOGRAFI
AIS	AIR

47 - Ballet

```
K N A A R T S E K R O W H I
O O O M N A R I H A M E K S
T T R F A G E U Z Y A M P Y
O N T E S L G N R A S U E A
T O E R O X A U U G H Z L R
E N K R G G R N N Z B I A A
Z E N E M O R N Y V A K J T
I P I S R Y H A L K L P A J
B Z K O R W Z H F G L F R F
E K S P R E S I F I E O A Z
H C A M A R I T R Y R L N W
W Q Z O X R G A C B I N E S
W R T K M M A L A D N E M A
P E N A R I L O H K A U L I
```

SENI
PENONTON
BALLERINA
KOREOGRAFI
KOMPOSER
PENARI
EKSPRESIF
ISYARAT
ANGGUN
MENDALAM

PELAJARAN
OTOT
MUZIK
ORKESTRA
AMALAN
LATIHAN
IRAMA
KEMAHIRAN
GAYA
TEKNIK

48 - Fashion

```
E E W A N A H R E D E S U T
X X X V E M N U E H J Y S R
G C Y V U V S I X N Z M B E
M I N I M A L I S Y D D E N
G I E R L A H A M T E A R D
X N D P A S U L A M A N P Y
F A O U K E F E Y N H A A R
A E M R I B L D A D K I T U
B S D U T R U E G C B A U R
R E K T K T J T G J U K T T
I L A S A U I C I A D A A E
K E R K R T C T Y K N P N N
E S O E P U K U R A N O C V
L A C T N B U T A N G O I Y
```

BERPATUTAN	UKURAN
BUTIK	MINIMALIS
BUTANG	MODEN
PAKAIAN	SEDERHANA
SELESA	ASAL
ELEGAN	CORAK
SULAMAN	PRAKTIKAL
MAHAL	GAYA
FABRIK	TEKSTUR
RENDA	TREND

49 - Human Body

```
L G X F T A N G A N D A G U
D E R F I U S V E L F R U Z
E O H O D H T A Z G J E H L
V V H E X A M U G N A H A R
O T A K R B U B L U R Z R E
X S V C J B L I Z D I K A K
K D M M Q Y U B K I T P D A
E S I K U V T I Q H A U Z A
P U V O A K V R H R H R C Q
A G N I L E T F E V V Y C X
L C M A X G I N N O V Y A D
A A P U D I L Y B Y D V F U
R B M Y K T U L A N G N S B
Z A P U X A K I Z K K J M R
```

DARAH	HATI
TULANG	RAHANG
OTAK	LUTUT
DAGU	KAKI
TELINGA	BIBIR
SIKU	MULUT
MUKA	LEHER
JARI	HIDUNG
TANGAN	BAHU
KEPALA	KULIT

50 - Musical Instruments

```
R M C Z G M S B A N J O P T
K A T E N I R A L C N L I R
E N T H O S U B K Q I L A O
C D O I G U T M O S R E N M
A O W F G K A I B X O C O B
P L D M B R L R O T B F P O
I I L P L E A A E D M L O N
N N B U I P K M J D A Z C N
C H I M E S A B Q P T Q B O
E Q U W W P K B I O L A R O
G E N D A N G N I L U R E S
E L U M Z P N T M N I Y O S
Y O I R O V A Y R Z G R C A
O O O H V G S J R C N F L B
```

BANJO	MANDOLIN
BASSOON	MARIMBA
CELLO	OBOE
CHIMES	PERKUSI
CLARINET	PIANO
GENDANG	SAKSOFON
SERULING	TAMBORIN
GONG	TROMBON
GITAR	SANGKAKALA
KECAPI	BIOLA

51 - Fruit

```
N S G X O Y V J X P H P G I
A Q P J R R U G G N A L S M
N L I L L R P F Q N J R A G
A T S M A E P E B M A L W B
S W A L P B M R A Z R D Z Y
N F N V E J W O C C G O P N
T U G Q Z O G B N K H R I C
T E M B I K A I E Q I P R H
U T N O B Z Z E M T W Z G E
B A P R I K O T S B I D Z R
M A N G G A P A L E K K Z R
A A V O C A D O K S E F I Y
J K C N E C T A R I N E U J
R A S P B E R R Y C L O A Y
```

EPAL	KIWI
APRIKOT	LEMON
AVOCADO	MANGGA
PISANG	TEMBIKAI
BERRY	NECTARINE
CHERRY	BETIK
KELAPA	PEACH
RAJAH	PIR
ANGGUR	NANAS
JAMBU	RASPBERRY

52 - Engineering

```
W K I Y L T U D U S Q W S K
N L K N R E T E M A I D T E
O C H A X N K U Q I S I R D
I S Y R R A A E J P K O U A
S Q Q U E G V A K P A Z K L
L U U K H A J A R U P V T A
U E W U G E A R I I A B U M
P E N G E D A R A N G T R A
O D I N D J C L C Z R N A N
R Y S E N I J N E G N J E N
P O E P W V E C C T R R L P
X O M F V T P S M O T O R B
N A L I B A T S E K G O A K
P E M B I N A A N L N M K K
```

SUDUT
PAKSI
PENGIRAAN
PEMBINAAN
KEDALAMAN
RAJAH
DIAMETER
DIESEL
PENGEDARAN
TENAGA

ENJIN
GEAR
CECAIR
MESIN
PENGUKURAN
MOTOR
PROPULSION
KESTABILAN
KEKUATAN
STRUKTUR

53 - Kitchen

```
I X Q H O Y D I P F P F E L
S Y H L Y J X X U I V R L P
M C C K P G G X A P B I F J
A H A Y E M A N G K U K T P
K E W R T R L W U E K Q H Y
A U A S I P E K E T U H A R
N K N U S D L C R Y D I P V
A A M D E J L A V S N T M S
N B P U J D I P E S E R E N
J A G S U Q R R G E S F R A
A T R H K G G O N A X L J P
B A L A N G L N H S R R U K
P E N Y E P I T F R L P F I
W U N T U K M A K A N D U N
```

APRON	PISAU
MANGKUK	SENDUK
PENYEPIT	NAPKIN
CAWAN	KETUHAR
MAKANAN	RESEPI
GARPU	PETI SEJUK
GRILL	REMPAH
BALANG	SPAN
JAG	SUDU
CEREK	UNTUK MAKAN

54 - Government

```
K A K P M O N U M E N O J U
E Q E E I F K A X Y P J F N
M M S R U Y E K E T U A W D
E K A B I S A R K O M E D A
R E K I F Y D E G A W A M N
D H S N A Q I R E G E N N G
E A A C M X L D K L Z M D U
K K M A A H A I A U U D U N
A I A N N J N I Z E A U G D
A M A G D L A N F J R S O A
N A N A N I P D W T Y A A N
U N S N A S A B E B E K H G
S I M B O L C N E G A R A R
R P S B J K U P O L I T I K
```

AWAM
DEMOKRASI
PERBINCANGAN
DAERAH
KESAKSAMAAN
KEMERDEKAAN
KEHAKIMAN
KEADILAN
UNDANG-UNDANG
KETUA

KEBEBASAN
MONUMEN
NEGARA
AMAN
POLITIK
KUASA
UCAPAN
NEGERI
SIMBOL

55 - Art Supplies

```
J  P  G  A  J  M  K  R  I  B  E  R  U  S
D  Q  A  K  M  A  D  A  M  E  P  T  U  C
K  P  M  R  K  D  D  D  A  K  W  A  T  B
E  T  Q  I  R  U  J  U  A  I  R  C  K  Z
R  O  I  L  E  K  S  H  A  E  D  I  T  K
U  U  B  I  K  A  T  L  D  L  Q  F  A  R
S  R  U  K  A  D  M  I  N  Y  A  K  N  E
I  V  K  L  M  U  A  R  A  N  G  I  A  A
W  B  U  O  E  K  J  V  H  I  C  J  H  T
F  A  O  C  R  S  A  T  R  E  K  J  L  I
S  T  R  W  A  O  N  C  N  C  O  K  I  V
S  L  K  N  X  R  L  E  A  W  N  N  A  I
K  J  L  I  A  H  T  G  P  Y  I  W  T  T
C  I  Y  B  Q  P  Z  B  C  I  J  C  M  I
```

AKRILIK	GAM
BERUS	IDEA
KAMERA	DAKWAT
KERUSI	MINYAK
ARANG	CAT
TANAH LIAT	KERTAS
WARNA	PENSEL
KREATIVITI	JADUAL
KUDA-KUDA	AIR
PEMADAM	

56 - Science Fiction

```
G R A T O M K X L I M R U V
A O D N I K D C O C L I W W
L B U B I I G O L O N K E T
A O N O D T M E L A M P A U
X T I I C S V R L N B A I J
Y A A G T I I F U O U C P K
M I S T E R I T Y R K G O H
A P I C N U R S J A U C T A
C O F R A T K C U C I H S Y
H T W B L U U T I L H E Y A
N U Y V P F X T G E I B D L
B A H A N K I M I A P A I A
L E T U P A N B B C A T I N
P A W A G A M X U H H M R H
```

ATOM	GALAXY
BUKU	ILUSI
BAHAN KIMIA	KHAYALAN
PAWAGAM	MISTERI
DYSTOPIA	ORACLE
LETUPAN	PLANET
MELAMPAU	ROBOT
HEBAT	TEKNOLOGI
API	UTOPIA
FUTURISTIK	DUNIA

57 - Geometry

```
A X I V N D S S E G M E N O
D L F R O J Q I S N E M I D
T R C Z M I I B M Z K F Y D
U E C D B S L V Y E A C T I
D J O P O I S S U Q T Q N A
U J C R R M S D C P O R A M
S X W J I B U L A T A N I E
P E R S A M A A N T Y E G T
P E N G I R A A N R U V G E
P E R M U K A A N M G L N R
M E N D A T A R R H E X I M
B A H A G I A N D E G Q T E
S E L A R I M E D I A N E Z
M E N E G A K L O G I K K F
```

SUDUT	MEDIAN
PENGIRAAN	NOMBOR
BULATAN	SELARI
DIAMETER	BAHAGIAN
DIMENSI	SEGMEN
PERSAMAAN	PERMUKAAN
KETINGGIAN	SIMETRI
MENDATAR	TEORI
LOGIK	MENEGAK
JISIM	

58 - Creativity

```
N N R M D F M M K K I N E S
A A J Y W A N E E E N S V R
X A E T V S H N T M S I I V
S S F G K O W D U A P N T V
V A I S O M E A L H I H N N
K R U M N O B L E I R H E P
I E K A E N I A N R A L V H
T P J W I J D M A A S W N U
A M I E A H E V N N I K I K
M Q B X L J A S E N S A S I
A J U O N A T N O P S F B B
R C C M A I S A N I G A M I
D G K E S A N A P A K G N U
N W W I N W S Y N G M U N M
```

SENI	IMAGINASI
KETULENAN	KESAN
KEJELASAN	INSPIRASI
DRAMATIK	MENDALAM
EMOSI	INVENTIVE
UNGKAPAN	SENSASI
PERASAAN	KEMAHIRAN
IDEA	SPONTAN
IMEJ	VISI

59 - Airplanes

```
K K U T N E B A K E R Y O B
E N E G O R D I H A R A V F
T I B T P E R G O L A K A N
U J L A I S E J A R A H C S
R N I T H N A A N I B M E P
U E K R U A G U D A R A D B
N Z J H T X N G S A C S K E
A J G X A X J A I H M K I L
N T C W B H K I P A X V P O
F F I B E R P F G I N S A N
P E N G E M B A R A A N S L
J Y F C N P E N U M P A N G
T X H H N A T A R A D N E P
R O G P D M L S U A S A N A
```

PENGEMBARAAN	BAHAN API
UDARA	KETINGGIAN
SUASANA	SEJARAH
BELON	HIDROGEN
PEMBINAAN	PENDARATAN
KRU	PENUMPANG
KETURUNAN	KIPAS
REKA BENTUK	LANGIT
ARAH	PERGOLAKAN
ENJIN	

60 - Ocean

```
R I B U T T P O T U N A W N
U X C E U G Q Z K K Z S I R
G D X Y L N T E R U M B U Y
S W A U E O B O R O B O R O
K Y W N B T Q T E O I S O K
I T X P G O X N I K E T A M
X J G I J S U A P R H Q C V
R U M P A I L A U T A W Y K
P M A W A Z P G X Y G M U P
T G R A L V O B R J R K R E
S P A N G N A S A P R I A N
H X G N A R A K S Z D M C Y
X L W M J H L K Q T Z P Q U
C A M S R N J M I N P A I E
```

ALGA	RUMPAI LAUT
KARANG	YU
KETAM	UDANG
BELUT	SPAN
IKAN	RIBUT
OBOR-OBOR	AIR PASANG
SOTONG	TUNA
TIRAM	PENYU
TERUMBU	PAUS
GARAM	

61 - Force and Gravity

```
K A R A J E B C S P C Y P P
E I Z H P Y R H I A M X I E
S M N O R B I T F K B C M N
A T A A B Y N K A S N H L G
N A X S K O A B T I J W G E
K X L H A E U L W N O A E M
F I Z I K I M A N I D L S B
V L Q O X F E N A F N I E A
J B T U A P N P U S A T R N
V P Y J P I E L J S N E A G
W P H D D N P L A I A N N A
U T Z D H F B O L G K G B N
M O M E N T U M E E E A F A
M A G N I T U D K H T M X M
```

PAKSI	MAGNITUD
PUSAT	MEKANIK
PENEMUAN	MOMENTUM
JARAK	ORBIT
DINAMIK	FIZIK
PENGEMBANGAN	TEKANAN
GESERAN	SIFAT
KESAN	KELAJUAN
MAGNET	MASA

62 - Birds

```
B B H B I G B N N A C U O T
M B U U C T T O A F B Z B G
L E J R U L E T C K A G A G
Z A R K U H O M I Q Y X D F
C Y B A D N G U L L A K J L
W E M S K O G J E V N P V A
W K Z I I R T U P L G E Z M
S W A N T E I F N S B N Q I
B C O C I H A Z J T U G B N
O A C U C K O O T Y A U W G
N S N S P A R R O W A I K O
X G B G U E I Q U L Y N I A
S N B N A S U R E T A E P I
E A G L E U C K N X M O G A
```

TERUSAN	HERON
AYAM	BURUNG UNTA
GAGAK	BAYANG
CUCKOO	MERAK
ITIK	PELICAN
EAGLE	PENGUIN
TELUR	SPARROW
FLAMINGO	BANGAU
ANGSA	SWAN
GULL	TOUCAN

63 - Art

```
D J Z V E Y R S P F Y S L S
D U O I M I A I X W W K U E
I J G S S Q J M N P V E K R
I U K U I P A B O B V L I A
L R O A L D H O X R E P S M
H E M L A N A L Z D M M A I
A G P P E R I B A D I O N K
M G O S R I R H A G O K O S
K Y S N U I P C C S O K U D
A W I A S B S G R H A D U M
N K S S E M J L A P L L B G
Q K I Y Z F N E P U I S I H
O E U Y N A P A K G N U S O
G A M B A R M M F Q I E P U
```

SERAMIK
KOMPLEKS
KOMPOSISI
UNGKAPAN
RAJAH
JUJUR
DIILHAMKAN
MOOD
ASAL
LUKISAN

PERIBADI
PUISI
GAMBAR
ARCA
MUDAH
SUBJEK
SUREALISME
SIMBOL
VISUAL

64 - Nutrition

```
S  K  P  K  Z  P  P  R  O  T  E  I  N  I
E  E  E  A  T  S  E  I  Y  P  H  D  N  R
I  S  N  R  W  I  K  N  I  M  A  T  I  V
M  I  C  B  R  H  S  A  A  C  M  P  S  P
B  H  E  O  N  A  Y  K  S  P  M  Y  K  S
A  A  R  H  U  T  H  A  E  N  A  R  O  X
N  T  N  I  T  X  N  M  L  S  T  I  T  U
G  A  A  D  R  V  V  I  E  M  I  Y  A  G
T  N  A  R  I  U  T  D  R  D  I  E  T  N
N  A  N  A  E  M  D  H  A  R  A  S  A  G
M  B  B  T  N  Y  C  E  K  A  L  O  R  I
A  Z  X  I  X  A  S  L  P  A  H  I  T  V
I  T  I  L  A  U  K  O  E  U  V  G  L  Y
I  Z  J  Z  G  T  U  B  S  O  W  Q  R  D
```

SELERA	TABIAT
SEIMBANG	KESIHATAN
PAHIT	SIHAT
KALORI	NUTRIEN
KARBOHIDRAT	PROTEIN
DIET	KUALITI
PENCERNAAN	SOS
BOLEH DIMAKAN	TOKSIN
PENAPAIAN	VITAMIN
RASA	

65 - Hiking

```
O R I E N T A S I Q L M M N
H T U F Q P V W R M E A T K
P A P N K E V L J B T T B U
E F I U U T A B T A I A X X
R I E W M A W A U P H H L D
S S G R A I K L I M D A I R
E Y T U Y N K I U A U R A Z
D R K G N U N U G C I I R C
I F S M A U V A L S Y R M S
A U E A I Y R K N L G J C I
A H U I G S A P A N D U A N
N X X E L W F H M L S B E B
C L I F F C C U A C A G G E
B E R A T U B S T B S D A J
```

HAIWAN
BUT
CLIFF
IKLIM
PANDUAN
BAHAYA
BERAT
PETA
NYAMUK
GUNUNG

SIFAT
ORIENTASI
TAMAN
PERSEDIAAN
BATU
MATAHARI
LETIH
AIR
CUACA
LIAR

66 - Professions #1

```
Z A P B T A W A R U R U J I
G R E U I S A L E K K Y C I
P G M R H Q T S I N A I P R
I D U O A Q U A O P U D H I
A O Z T J Q D C Y B C T C N
P N I I G O L O E G I L H A
G E K D N J U R U B A N K L
N R M E A Z K R I S J S U H
A R O B K J X S M R J I Q J
K I D V U J U R U L A T I H
U W G Z T R O T K O D N Y V
T K F A M A U G E P G I E L
A N G G O T A B O M B A A P
P E L U K I S O V P X S J Z
```

DUTA	AHLI GEOLOGI
PEGUAM	PEMBURU
JURUBANK	PEMUZIK
PELUKIS	JURURAWAT
JURULATIH	PIANIST
PENARI	TUKANG PAIP
DOKTOR	KELASI
EDITOR	SAINTIS
ANGGOTA BOMBA	TUKANG JAHIT

67 - Barbecues

```
P H M A Y A X C S T D B A B
A I W U X G M E D D M V J U
F M S O S T A G R A U L E K
N U X A C I G R S A L A D F
A Z R Z U R M M A M K Y L B
R I E T O T L P N M A C I X
A K U S X W O T A M O T R Q
P E R M A I N A N N A W A K
A P A N A S B U A H A M I X
L L I R G U B E K X X S W U
E N O O P D Y V A G A R P U
K U U S B U K K M U X X A W
M A K A N M A L A M T F N G
K A N A K K A N A K M A E K
```

AYAM	PANAS
KANAK-KANAK	KELAPARAN
MAKAN MALAM	PISAU
KELUARGA	MUZIK
MAKANAN	SALAD
GARPU	GARAM
KAWAN	SOS
BUAH	MUSIM PANAS
PERMAINAN	TOMATO
GRILL	

68 - Chocolate

```
K G W X T J P B A H A N W K
E K U T I N I M N F A E D O
L U K L H S I A M O R A M K
A A A A A C K N T B I N J O
P L R N P G Z I R O L A K U
A I A A R E U S Z N H D I N
A T M S C A T L J A I I T T
Q I E I J J S Y A R O S O U
G G L T J W Z A E A K K S K
V U F R C G X W D M F O K M
C P L A J K Q T I E C I E A
M G K A K A C A N G Z T A K
S E D A P B H K F E Z N B A
R E S E P I N J L K V A P N
```

ANTIOKSIDAN	EKSOTIK
AROMA	KEGEMARAN
ARTISANAL	BAHAN
PAHIT	KACANG
KOKO	KUALITI
KALORI	RESEPI
GULA-GULA	GULA
KARAMEL	MANIS
KELAPA	RASA
SEDAP	UNTUK MAKAN

69 - Vegetables

```
W T B M X M J G Z B M A L P
B T K A B O L A A R M R O P
C Q Z Y W Z U F I O W T B N
C B G A K A N K T K M I A K
T Y N B B I N Z U O N C K Q
C P A R S L I G N L U H M I
L E T B C A X N P I M O E P
B N N L G H H A U U I K R C
F N E D P E D W T B T E A K
J P K M A C W A X A L I H V
S A L A D W R B I L J C H I
T E R U N G A S H A L L O T
T O M A T O N N S A D E R I
K A C A N G T Y H M Z S Z F
```

ARTICHOKE	BAWANG
BROKOLI	PARSLI
LOBAK MERAH	KACANG
SADERI	KENTANG
TIMUN	LABU
TERUNG	LOBAK
BAWANG PUTIH	SALAD
HALIA	SHALLOT
CENDAWAN	BAYAM
ZAITUN	TOMATO

70 - The Media

```
E  P  E  N  D  A  P  A  T  I  T  I  O  K
D  D  C  O  X  T  W  J  W  O  N  N  V  O
N  A  I  A  K  G  N  A  R  Z  T  T  P  M
N  E  I  S  D  N  A  T  A  P  M  E  T  U
W  D  N  B  I  F  A  K  T  A  I  L  P  N
H  I  N  D  I  V  I  D  U  H  K  E  E  I
P  E  M  B  I  A  Y  A  A  N  L  K  N  K
K  O  M  E  R  S  I  A  L  P  A  A  D  A
Z  W  V  D  I  G  I  T  A  L  N  K  I  S
D  A  L  A  M  T  A  L  I  A  N  H  D  I
D  C  W  H  A  L  A  J  A  M  H  B  I  B
R  A  D  I  O  P  K  P  I  W  D  A  K  G
I  N  D  U  S  T  R  I  B  E  A  R  A  Q
I  G  S  I  K  A  P  X  V  D  G  M  N  F
```

IKLAN	INDUSTRI
SIKAP	INTELEK
KOMERSIAL	TEMPATAN
KOMUNIKASI	MAJALAH
DIGITAL	RANGKAIAN
EDISI	AKHBAR
PENDIDIKAN	DALAM TALIAN
FAKTA	PENDAPAT
PEMBIAYAAN	AWAM
INDIVIDU	RADIO

71 - Boats

```
K K C U N S G D T N J U K U
W A P S N M A L N A T U A L
L Y Z E L U A H H B L Y B D
X A L Q L N P O C Y J I M O
A K I T U A N X L A U T O V
K R U N U K M B C Z M I D K
D T I A N G E P Q S O K O D
E N J I N V T L U J L A J W
O P A B J B X S A N G R S W
S U N G A I T K U S G T A F
A I R P A S A N G D I A U E
N Y H T R P I Q D G I S H R
L C Q O T Q J K W A J I V I
J Z R A Y A L L A P A K A G
```

SAUH	NAUTIKA
PELAMPUNG	LAUTAN
KANU	RAKIT
KRU	SUNGAI
DOK	TALI
ENJIN	KELASI
FERI	LAUT
KAYAK	AIR PASANG
TASIK	OMBAK
TIANG	KAPAL LAYAR

72 - Activities and Leisure

```
T E B M G M L J G S M Y W B
I P M F G K E U Y U E W B E
N P B D D Q A N N T H N S S
J M E N D A K I Y H Y Y I B
U B E R E N A N G E R V N O
P E R J A L A N A N L G E L
B O L A S E P A K A Y A T M
Z L K B T F D I Q I C E M E
N U B E K R E B B Q G M N L
K K R Q B D W D G O L F B A
D I N S A F T M T H H X K Y
J S M E M A N C I N G Q G A
H A F O S A N T A I W O G R
S N A A B M U L R E P J S I
```

SENI	LUKISAN
BESBOL	PERLUMBAAN
TINJU	SANTAI
MENYELAM	BOLA SEPAK
MEMANCING	MELAYARI
BERKEBUN	BERENANG
GOLF	TENIS
MENDAKI	PERJALANAN
HOBI	

73 - Driving

```
I  P  A  N  A  H  A  B  H  W  P  G  J  X
R  E  J  E  G  Z  S  C  B  V  E  T  U  C
O  M  S  J  A  Y  A  H  A  B  T  V  P  Q
L  A  V  I  S  I  L  O  P  B  A  J  J  F
C  N  E  S  E  L  A  K  I  S  O  T  O  M
M  D  P  E  J  A  L  A  N  K  A  K  I  T
C  U  K  E  M  A  L  A  N  G  A  N  M  E
B  R  E  K  T  G  A  R  A  J  V  A  J  R
C  W  E  F  N  R  N  C  L  M  M  U  A  O
K  E  R  E  T  A  A  V  M  V  O  J  L  W
L  K  I  F  I  H  T  F  K  H  T  A  A  O
I  M  W  P  R  J  A  F  I  E  O  L  N  N
W  H  T  H  T  E  Z  I  I  K  R  E  K  G
K  E  S  E  L  A  M  A  T  A  N  K  E  F
```

KEMALANGAN	MOTOR
BREK	MOTOSIKAL
KERETA	PEJALAN KAKI
BAHAYA	POLIS
PEMANDU	KESELAMATAN
BAHAN API	KELAJUAN
GARAJ	JALAN
GAS	TRAFIK
LESEN	LORI
PETA	TEROWONG

74 - Professions #2

```
P N G J U R U G A M B A R S
P U E U D O K T O R G I G I
A B S Y R P E L U K I S I J
K E D T H U D O K T O R L U
A K E P A D Q T S N S R U R
R G T E F K P E T A N I S U
B N E N A W A T R A W P T T
E A K C S I E W G P Z I R E
D K T I L F I V A B G X A R
A U I P A J O E G N J R T A
H T F T F E E X B Q A P O E
G J N A W A S A K G N A R Y
M J U A H L I B I O L O G I
A H L I B A H A S A V K K L
```

ANGKASAWAN	WARTAWAN
AHLI BIOLOGI	PUSTAKAWAN
DOKTOR GIGI	AHLI BAHASA
DETEKTIF	PELUKIS
JURUTERA	FALSAFAH
PETANI	JURUGAMBAR
TUKANG KEBUN	DOKTOR
ILUSTRATOR	PAKAR BEDAH
PENCIPTA	GURU

75 - Emotions

```
K E B A I K A N G U P H K K
K E M A R A H A N U C D A E
K I P J Y B U I A F H G N B
E K H U W Q G A T M V I D O
L E O R M D R T U K A T U S
E B Y E H T R N J L K A N A
M A X T J J Q A E M A P G N
B H S L K N O S K B H M A A
U A K E S E D I H A N I N N
T G N A N E T A J Z E S I C
A I B E R S Y U K U R K J I
N A B E R P U A S H A T I N
F A K E G E M B I R A A N T
I N A N A M A E K U H S I A
```

KEMARAHAN
KEBAHAGIAAN
KEBOSANAN
TENANG
KANDUNGAN
MALU
TERUJA
TAKUT
BERSYUKUR
KEGEMBIRAAN

KEBAIKAN
CINTA
KEAMANAN
SANTAI
KESEDIHAN
BERPUAS HATI
KEJUTAN
SIMPATI
KELEMBUTAN

76 - Mythology

```
C  C  N  A  I  D  A  B  A  E  K  T  L  W
I  E  S  Y  A  D  I  A  N  A  C  N  E  B
P  M  O  S  G  K  U  L  H  K  A  M  G  B
T  B  W  I  R  A  Q  A  L  S  S  T  E  U
A  U  V  R  U  T  S  S  A  H  A  I  N  D
A  R  I  D  Y  I  P  D  B  Q  S  N  D  A
N  U  S  T  S  M  O  E  I  S  K  G  A  Y
Y  O  P  I  M  A  L  N  R  E  A  K  W  A
G  U  R  U  H  T  A  D  I  T  R  A  E  M
W  Q  V  F  X  I  N  A  N  P  A  H  D  U
E  A  C  L  U  V  V  M  O  R  B  L  W  C
K  E  P  E  R  C  A  Y  A  A  N  A  I  U
P  A  H  L  A  W  A  N  Q  P  Z  K  T  K
U  U  T  D  U  C  O  F  T  K  C  U  X  J
```

POLA	KEABADIAN
TINGKAH LAKU	CEMBURU
KEPERCAYAAN	LABIRIN
CIPTAAN	LEGENDA
MAKHLUK	KILAT
BUDAYA	RAKSASA
DEWA	MATI
BENCANA	BALAS DENDAM
SYURGA	GURUH
WIRA	PAHLAWAN

77 - Garden

```
U V R U M P A I S C O J Z C
M E R A I H H U H X T S I I
N J A R A G M K M S R Q H Q
R P K Y G R U G G N A P B W
A J U T A B K N U B M P R D
F P L H U O N A P U P P L I
N K E A G N U B V A O T R S
O F B E N L P S H I L A X B
Q H O S G J P O Q A I M C G
T U P M U R U R K N N A H P
Z A T E R E S N S O Q N V A
J P N K O L A M G Q K L K F
L I R A G A P I N U G K B M
C D R A H C R O Y H C B N K
```

BANGKU	KOLAM
BELUKAR	ANJUNG
PAGAR	MERAIH
BUNGA	BATU
GARAJ	TANAH
TAMAN	TERES
RUMPUT	TRAMPOLIN
BUAIAN	POKOK
HOS	ANGGUR
ORCHARD	RUMPAI

78 - Diplomacy

```
E P D N A T A M A L E S E K
L T E I N T E G R I T I R O
W R I N N R C A F F R F Z M
T A Y K A R M Z U E E S F U
K N A I A S E L E Y N E P N
E J L T I N I S F Q T Q W I
R X Q A S N C H O U P H G T
J W P M U W V S A L P N U I
A C F O N Z N A A T U D E K
S T D L A Z R L X O D S X I
A H J P M K O N F L I K I V
M Q V I E K E R A J A A N I
A T U D K K E A D I L A N S
H U K G P O L I T I K K J Y
```

PENASIHAT
DUTA
RAKYAT
SIVIK
KOMUNITI
KONFLIK
KERJASAMA
DIPLOMATIK
KEDUTAAN

ETIKA
KERAJAAN
KEMANUSIAAN
INTEGRITI
KEADILAN
POLITIK
RESOLUSI
KESELAMATAN
PENYELESAIAN

79 - Countries #1

```
J X M V F S I L A T I K N Q
E P A I I E W S T B M W I S
R Y G E N P Y U R O A A C M
M A H T L A I V T A L A A P
A T R N A N O M M E V R O
N X I A N Y A H M I V L A L
Z G B M D O L P Z R Z I G A
L L I D B L E A K Z D X U N
R I S E M D U N I A J Y A D
E Z B R X G Z A M L N R P I
R A B Y L G E M A W O A E E
I R A Q A I N A M O R O D G
R B X L A G E N E S M Z Z A
M O I H I K V N O R W A Y E
```

BRAZIL
KANADA
MESIR
FINLAND
JERMAN
IRAQ
ISRAEL
ITALI
LATVIA
LIBYA

MAGHRIBI
NICARAGUA
NORWAY
PANAMA
POLAND
ROMANIA
SENEGAL
SEPANYOL
VENEZUELA
VIETNAM

80 - Adjectives #1

```
S E R I U S T R U S V M F L
A R O M A T I K P A F U U T
S E N I R A R H R S C T K L
Q C B E R H A R G A E L X V
U T N A B M E M G X F A H J
V A R I B M E G P F N K G P
P R A S E B K G K I L I S U
A E I N D A H H U N A R Z V
L B N E D O M S R J M A G Q
E K I T O S K E U U B N I N
G J D H I Y V J S J A E N F
A W L O D N D S W U T M Y U
O T E Z N B G K B R S A M A
M U R A H H A T I I N Y O X
```

MUTLAK	MEMBANTU
AROMATIK	JUJUR
SENI	BESAR
MENARIK	SAMA
INDAH	PENTING
GELAP	MODEN
EKSOTIK	SERIUS
MURAH HATI	LAMBAT
GEMBIRA	KURUS
BERAT	BERHARGA

81 - Rainforest

```
R  I  N  A  A  R  A  H  I  L  E  M  E  P
K  O  M  U  N  I  T  I  V  A  K  H  D  E
B  E  R  H  A  R  G  A  X  I  E  V  W  R
S  U  R  V  I  V  A  L  S  B  R  X  P  L
B  B  U  R  U  N  G  H  M  I  L  K  I  I
O  D  S  B  I  A  W  U  W  F  F  L  U  N
T  G  H  M  C  W  N  T  M  M  N  A  A  D
A  I  L  A  M  A  M  A  M  A  C  D  T  U
N  I  D  R  U  D  B  N  P  K  S  F  T  N
I  X  L  U  M  U  T  A  M  R  O  H  X  G
F  L  J  S  E  I  S  E  P  S  G  H  W  A
O  N  A  I  A  G  A  B  L  E  P  E  K  N
P  E  M  U  L  I  H  A  N  J  R  Z  G  L
Y  J  C  Q  H  S  E  R  A  N  G  G  A  G
```

AMFIBIA	MAMALIA
BURUNG	LUMUT
BOTANI	SIFAT
IKLIM	PEMELIHARAAN
AWAN	PERLINDUNGAN
KOMUNITI	HORMAT
KEPELBAGAIAN	PEMULIHAN
ASLI	SPESIES
SERANGGA	SURVIVAL
HUTAN	BERHARGA

82 - Technology

```
I D I G I T A L K B Z R S P
K N O F X W J Q O L N J T E
R E T W M K J K M O A Q A R
A A R E M A K N P G K B T I
Y N B B R W Y R U N I K I S
A T A L B N Q A T A D U S I
L T I H A J E S E M I R T A
E C T U K S L T R V L S I N
P A P A R A N W F I E O K O
U W G K O Y I S D R Y R U H
X X K Y R N R E T U N D J G
F A I L S K K Y F S E W R B
Y B K V S D S X F A P Y C B
K E S E L A M A T A N U K X
```

BLOG	FON
PELAYAR	INTERNET
BAIT	MESEJ
KAMERA	PENYELIDIKAN
KOMPUTER	SKRIN
KURSOR	KESELAMATAN
DATA	PERISIAN
DIGITAL	STATISTIK
PAPARAN	MAYA
FAIL	VIRUS

83 - Landscapes

```
T S S E K Z I M P U L A U D
C A S E M E N A N J U N G I
C A S R I S A P G N A D A P
M I I I G U T D N M S B R A
S Z U I K N A T U A L X D R
P A Y A V G R E B S I A N E
C U P D A A B L K M A C U B
U G F L H I M E V J T N T G
B N S R E I C A L G N R P N
R U M E R M U T G U A A G U
U N K Q W Q B Y S Z P C N N
U U T I J A S A O A S I S U
P G K X T V S D H S P Z O G
G E Y S E R Z L A U T V X M
```

PANTAI
GUA
PADANG PASIR
GEYSER
GLACIER
BUKIT
AISBERG
PULAU
TASIK
GUNUNG

OASIS
LAUTAN
SEMENANJUNG
SUNGAI
LAUT
PAYA
TUNDRA
LEMBAH
GUNUNG BERAPI

84 - Visual Arts

```
S J I V G A S T E N S I L U
Q E M Q V R A K I B M E T L
J E N P P A P O T R E T X A
G W L I S N E P L I L I N T
B A N V B G P E N N R Y C R
Y X M U E I S I S O P M O K
H G A B E W N L N X T Y Y I
Q D U G A E K A U E N R V M
K A R Y A R A S A K B Y D A
Y E N Z H A P M R T I N R R
W N P E X H U B T A Y S E E
F I L E M O R S I F O L A S
K U D A K U D A S B R Z G N
J P D F P E R S P E K T I F
```

SENI BINA	LUKISAN
ARTIS	PEN
SERAMIK	PENSIL
KAPUR	PERSPEKTIF
ARANG	GAMBAR
KOMPOSISI	POTRET
KUDA-KUDA	TEMBIKAR
FILEM	STENSIL
KARYA	LILIN

85 - Plants

```
F V C B J C C B K B H N B K
L G B J V R V O A H U L U B
O N R A W E F T K Q T X N Z
R A A J J V U A T E A U G N
A C K P Z A S N U K N Q A A
X A S A D W T I S B A K P H
T K L R R E B K Y J M D R U
P O K O K G T N G N A T A B
B E R R Y A U X B O T E K M
H B N M V I P L U M U T U U
H X C W I L M O H L Q A L T
Z P Y F M O U Y L D S L E Z
I O P T J F R F Q E J W B Z
R D D Y E G O U C H K J A H
```

BULUH	HUTAN
KACANG	TAMAN
BERRY	RUMPUT
BOTANI	IVY
BELUKAR	LUMUT
KAKTUS	KELOPAK
BAJA	AKAR
FLORA	BATANG
BUNGA	POKOK
FOLIAGE	TUMBUHAN

86 - Boxing

```
D N L E B A D A N K K K X S
T A P E C M C Y O E L E V A
X X G S T S I F V M A K I R
I J N U H I R M W A W U Z U
X D E M P M H O O H A A L N
D C C M A T A X E I N T A G
Y D O I E R L O X R N A V T
A D L D A U H I U A I N X A
S U D U T K N O D N N B D N
S I K U T A L I O A A O K G
U A C F T E N D A N G A N A
K E C E D E R A A N A N P N
O P E M U L I H A N V R E F
F P E J U A N G U T X B W P
```

LOCENG

BADAN

DAGU

SUDUT

SIKU

LETIH

PEJUANG

FIST

FOKUS

SARUNG TANGAN

KECEDERAAN

TENDANGAN

LAWAN

MATA

CEPAT

PEMULIHAN

PENGADIL

TALI

KEMAHIRAN

KEKUATAN

87 - Countries #2

```
T N F Q R L A O S M L F S A
N S I T B U G Q L H E L T N
I U B G D X S D M U B E J T
F F N C E B Q I H N A D U S
H A I T I R A K A H N A U V
S S L H F O I R D J O L K P
P Y V W X C L A N M N B R S
F W R A C I A M A J A A A L
P A N I C X M N G E T N I X
Y P P R A E O E U H S I N Q
U V K E H M S D J A I A E M
Q Q S B G R E E C E K R T W
J F A I P O I H T E A P O E
N D A L A P E N N U P E J B
```

ALBANIA   MEXICO
DENMARK   NEPAL
ETHIOPIA   NIGERIA
GREECE   PAKISTAN
HAITI   RUSIA
JAMAICA   SOMALIA
JEPUN   SUDAN
LAOS   SYRIA
LEBANON   UGANDA
LIBERIA   UKRAINE

88 - Ecology

```
U S S V J S U P T T Z F G Z
N U E U L C R K N U L H L Z
A A I M M I L K I M D N O M
W G S F U B N D R B U A B A
A R E D L L E B A U X I A M
L W P W K O A R M H V A L P
E Q S T W P R J K A G G T A
R G I O D B N A A N U A F N
A N F M A R S H V D B B A H
K U A R A M E K P H I L V I
U N T A T I B A H O Y E V D
S U R V I V A L P F I P I X
B G P E L B A G A I T E Q B
Y S J S I T I N U M O K N Y
```

IKLIM	GUNUNG
KOMUNITI	SEMULAJADI
KEPELBAGAIAN	SIFAT
KEMARAU	SUMBER
FAUNA	SPESIES
FLORA	SURVIVAL
GLOBAL	MAMPAN
HABITAT	PELBAGAI
MARIN	TUMBUHAN
MARSH	SUKARELAWAN

89 - Adjectives #2

```
M L Q W K Z A X M L K O E W
T A U K G R O N A G E L E A
Q N S X H A E W Z M R M P H
I E K I Q I N A X K I E A W
D K I T N L Q Z T M N N N I
J R P A G G N A B I G G A D
D E S K R I P T I F F A S A
H T K A A S M A E N N N O J
J T Y B P N B H L W H T I A
F K U R A B N I I W Z U Q L
S K Q E L F K S U H H K A U
V Q J B U Q Z K I R A N E M
D R A M A T I K G U Q S Q E
M E Y P R O D U K T I F B S
```

SAHIH	LAPAR
KREATIF	MENARIK
DESKRIPTIF	SEMULAJADI
DRAMATIK	BARU
KERING	PRODUKTIF
ELEGAN	BANGGA
TERKENAL	MASIN
BERBAKAT	MENGANTUK
SIHAT	KUAT
PANAS	LIAR

90 - Psychology

```
H O R T X E L D K C I T Z T
U W R M K B G X F I Y E M I
R E A L I T I O I N R R A N
A F I K I R A N S M W A S G
G N X X E I Y H P A K P A K
N A M A L A G N E P O I L A
E A F S E N S A S I G S A H
P K I L F N O K R V N O H L
P H X P I D E A E P I M X A
Y V A Z M J I D P Y S E C K
I Z L A K I N I L K I Z S U
P E N I L A I A N H H D J N
M K E N A N G A N D X L N W
P E L A N T I K A N D Y Z N
```

PELANTIKAN
PENILAIAN
TINGKAH LAKU
KLINIKAL
KOGNISI
KONFLIK
IMPIAN
EGO
EMOSI
PENGALAMAN

IDEA
PENGARUH
KENANGAN
PERSEPSI
MASALAH
REALITI
SENSASI
TERAPI
FIKIRAN

91 - Math

```
S I M E T R I D E Z L D E P
G E O M E T R I G Y B I K E
F J P N A T I L I L E A S C
V E O N G G O I G B C M P A
K J L O I Y Q J O U B E O H
P A I M T J U M L A H T N A
E R G B I B H S S D Y E E N
R I O O G O M C U E K R N Q
I J N R E L I M U D L N P W
M P E R S A M A A N U A E M
E B A H A G I A N V D T R R
T A R I T M E T I K M V D I
E P A R A L L E L O G R A M
R P E R P U L U H A N Q O Q
```

SUDUT	NOMBOR
ARITMETIK	SELARI
LILITAN	PARALLELOGRAM
PERPULUHAN	PERIMETER
DIAMETER	POLIGON
BAHAGIAN	JEJARI
PERSAMAAN	JUMLAH
EKSPONEN	SIMETRI
PECAHAN	SEGITIGA
GEOMETRI	JILID

92 - Activities

```
K U F H D P S E R A M I K E
M E N D F A E X C J T M D I
E M P H I F A R G O T O F G
M E D E G I Z H M M B E T W
B M V A N A G B H A D A I R
U A B K A T I H A J I F Q R
R N E T G N I M K J N N F N
U C R I N A R N E X E K A G
H I K V A S A K G M S H R N
P N E I N R N C D A B I K P
Y G B T E E E P T D N A L G
F R U I S B M S I H I R C R
I O N S E M E N G A I T V A
C F Q I K A D N E M N F B F
```

AKTIVITI
SENI
SERAMIK
KRAF
MENARI
MEMANCING
PERMAINAN
BERKEBUN
MENDAKI
MEMBURU

KEPENTINGAN
MENGAIT
RIADAH
SIHIR
FOTOGRAFI
KESENANGAN
MEMBACA
BERSANTAI
JAHIT

93 - Business

```
W Y P A T I A D E K Y K B P
P A K X Z U Y E L W T X Z E
E E N G K M A T A W A N G N
H K N G O I J Z P P K D B D
E Z O G A A R K E E I I A A
T A E N U U E U L K R S R P
M K H P O R K D A E A K A A
F H D V R M U G B R Y A N T
J U A L A N I S U J S U G A
O P E J A B A T R A O N A N
K E W A N G A N A V K S N Y
M A J I K A N R N C U K A I
K I L A N G W L Q O F W P X
X V K Y A F A O B A J E T P
```

BAJET   KEWANGAN
KERJAYA   PENDAPATAN
SYARIKAT   PELABURAN
KOS   PENGURUS
MATA WANG   BARANGAN
DISKAUN   WANG
EKONOMI   PEJABAT
PEKERJA   JUALAN
MAJIKAN   KEDAI
KILANG   CUKAI

94 - The Company

```
P P K T J M H G K B O S R I
E E K E A Z B G U Q K I E N
K N E P M C G F D N N L P D
E D M E J A G L O B A L U U
R A U R N F J O R R H S T S
J P N N A I H U P J A U A T
A A G I S T B C A Q B M S R
A T K A U A R Z Q N M B I I
N A I G T V W E C Y E E V E
M N N A U O C D N D S R J U
V Y A A P N I P D D R M C N
J K N N E I F I T A E R K I
R I S I K O B J L T P W Z T
K U A L I T I H C A C Q K Y
```

PERNIAGAAN   PRODUK
KREATIF   KEMAJUAN
KEPUTUSAN   KUALITI
PEKERJAAN   REPUTASI
GLOBAL   SUMBER
INDUSTRI   PENDAPATAN
INOVATIF   RISIKO
KEMUNGKINAN   TREND
PERSEMBAHAN   UNIT

95 - Literature

```
T  I  S  I  L  U  N  E  P  N  O  U  Q  A
G  U  A  R  W  I  G  O  L  A  N  A  Z  N
P  W  A  A  Y  A  G  G  O  L  A  I  D  A
P  E  V  M  R  H  R  L  V  U  F  H  P  L
E  I  R  A  N  O  V  E  L  P  O  I  B  I
N  K  T  B  S  Q  T  W  R  M  A  T  I  S
E  K  A  J  A  S  T  P  U  I  S  I  O  I
R  P  P  W  M  N  O  W  M  S  Y  D  G  S
A  U  A  O  E  L  D  E  D  E  L  E  R  Q
N  I  D  U  T  V  K  I  B  K  Z  G  A  M
G  T  N  P  N  R  E  K  N  C  W  A  F  C
A  I  E  W  X  N  N  U  B  G  C  R  I  B
N  S  P  G  T  U  A  R  O  F  A  T  E  M
Z  Y  T  F  I  K  S  Y  E  N  E  N  Q  C
```

ANALOGI	METAFORA
ANALISIS	NOVEL
ANEKDOT	PENDAPAT
PENULIS	PUISI
BIOGRAFI	PUITIS
PERBANDINGAN	SAJAK
KESIMPULAN	IRAMA
PENERANGAN	GAYA
DIALOG	TEMA
FIKSYEN	TRAGEDI

96 - Geography

```
L L M E D U A L U P N S I O
Y A K E C N T U A L E E Z H
L T T A R A B A A O G L S U
A I N U D I Z G R I A A U M
U T M M O G D H U A R T N B
T U Q T F G Y I U N A A G E
A D Z R H N I Y A G U N A N
N N P A A I X I T N F N I U
K O T A Y T C Y N B Z E G A
R P E T A E Q S A L T A J J
G R L J L K F Q R Z D T C O
B O Y E I H E M I S F E R A
S L P Q W S I X O F M U C O
F F K X R L E G G H H B G C
```

KETINGGIAN	GUNUNG
ATLAS	UTARA
KOTA	LAUTAN
BENUA	RANTAU
NEGARA	SUNGAI
HEMISFERA	LAUT
PULAU	SELATAN
LATITUD	WILAYAH
PETA	BARAT
MERIDIAN	DUNIA

97 - Pets

```
H X G N I C U K K A N A E T
K A C A B X N E A H X N I Q
I S M X C F W K M B K A U Y
L G S S U K I T B C K K E V
A E V U T J K X I F P A X F
T T M E Y E U G N Q E N G X
F N H B Y E R Z G I N J E W
L A X D U X I A E C Y I K C
O N A O I K A N L P U N O T
C A K A R L P K Q O Q G R A
A K N D K U C I N G K P Q C
N A W I A H R O T K O D D R
B M A N J I N G N A Y A B Q
A R N A B P E X H A L T T H
```

KUCING	TALI
CAKAR	BACAK
KOLAR	TIKUS
LEMBU	BAYANG
ANJING	ANAK ANJING
IKAN	ARNAB
MAKANAN	EKOR
KAMBING	PENYU
HAMSTER	DOKTOR HAIWAN
ANAK KUCING	AIR

98 - Jazz

```
V J D N A I P K O N S E R T
W H F X L R I E T E K N I K
A Y A G B A L A N E K R E T
C R Q G U M W B A G D F Y U
O G T U M A D T F C A Q T N
R Z Y I N K I Z U M Y R Z Y
K F F N S I E P D X L Q U Z
E X L E P V W G W S A F Q H
S B K L C D P Z E X G P T T
T A R T I D K T C M U R H B
R K Q G E N D A N G A G D J
A A K O M P O S I S I R T J
E T B A R U G E N R E L A W
F K O M P O S E R L A M A N
```

ALBUM
ARTIS
KOMPOSER
KOMPOSISI
KONSERT
GENDANG
TERKENAL
KEGEMARAN
GENRE
PENGARUH

MUZIK
BARU
LAMA
ORKESTRA
IRAMA
LAGU
GAYA
BAKAT
TEKNIK

99 - Nature

```
T R A I L D K H I C Q J L K
K E A R T I K A L O Z S A E
U I N L M N O A B I D R J C
N C N A S I K A H U A I H A
K A G D N A F N F K S S G N
S L W D U G O H A I W A N T
I G W L Q N L P T M I P I I
K D U Y U U I E R A A G B K
H U T A N S A N O N A N E A
L E B A H J G T P I W A T N
I C N A P M E I I D A D G B
O K Y Z Q I V N K W N A E K
G E Z V Y W L G A A N P R L
H C Z V B S A N C T U A R Y
```

HAIWAN
ARTIK
KECANTIKAN
LEBAH
TEBING
AWAN
PADANG PASIR
DINAMIK
HAKISAN
KABUS

FOLIAGE
HUTAN
GLACIER
AMAN
SUNGAI
SANCTUARY
TENANG
TROPIKA
PENTING
LIAR

100 - Vacation #2

```
W A R G A A S I N G D K K E
T S T X S R U G C H E H P Q
O I C E C E Y V Z M S E E X
A V H S P S Y H U O T M N P
X N D N Q T J O S W I A G K
R M J N S O L T Z T N H A E
E I U F Q R G E B F A O N R
Q I A T N A P L F R S G G E
X T L D G N U N U G I E K T
Y U U O A E U A L A U T U A
H C P J S H P I S K E T T A
P A S P O R T Z I I M I A P
P E R J A L A N A N N R N I
T E M P A H A N U I A G J N
```

PANTAI	GUNUNG
DESTINASI	PASPORT
ASING	TEMPAHAN
WARGA ASING	RESTORAN
CUTI	LAUT
HOTEL	TEKSI
PULAU	KHEMAH
PERJALANAN	KERETA API
RIADAH	PENGANGKUTAN
PETA	VISA

1 - Antiques

2 - Food #1

3 - Measurements

4 - Farm #2

5 - Books

6 - Meditation

7 - Days and Months

8 - Energy

9 - Chess

10 - Archeology

11 - Food #2

12 - Chemistry

13 - Music

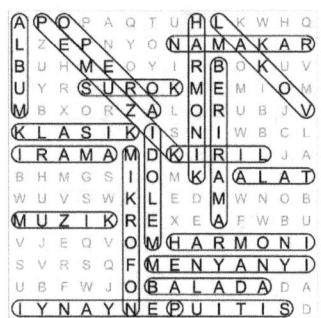

14 - Farm #1

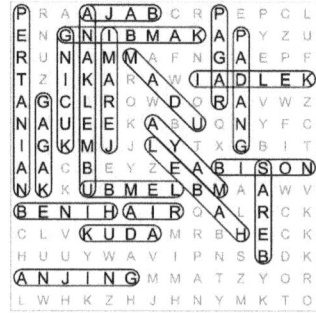

15 - Camping

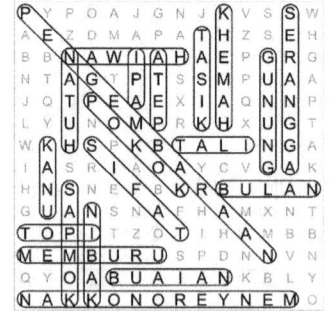

16 - Cats

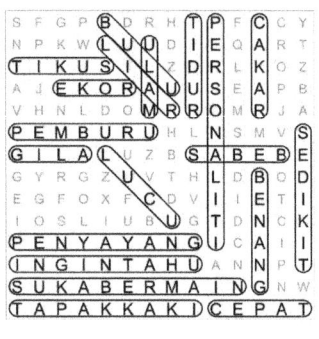

17 - Algebra

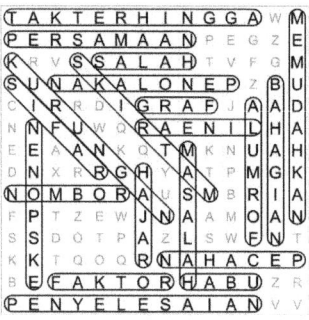

18 - Numbers

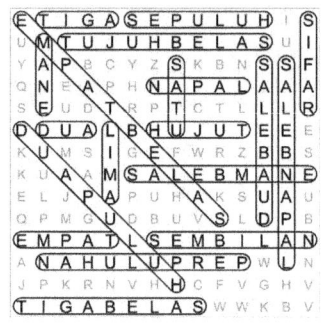

19 - Spices

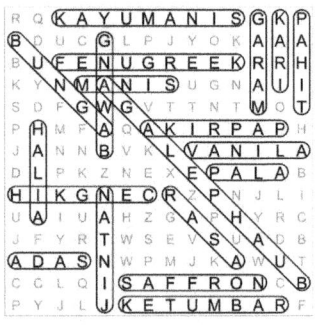

20 - Universe

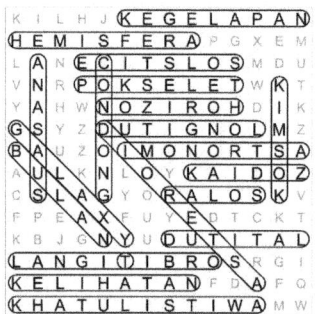

21 - Mammals

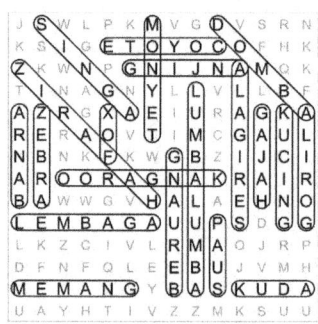

22 - Bees

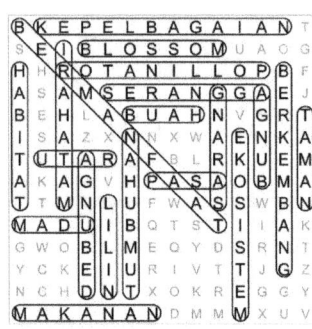

23 - Weather

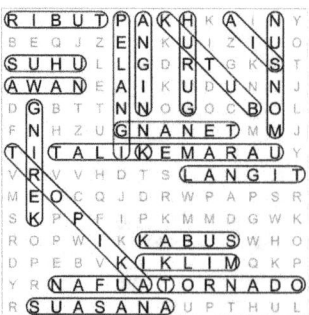

24 - Adventure

25 - Circus

26 - Geology

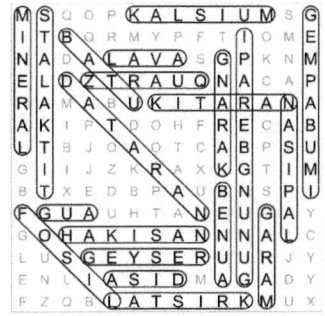

27 - House

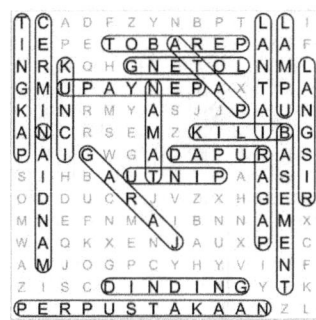

28 - Physics

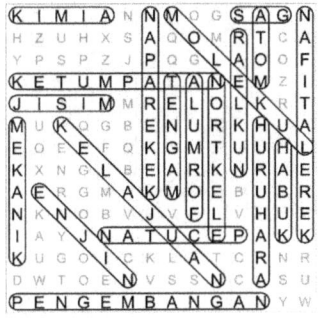

29 - Dance

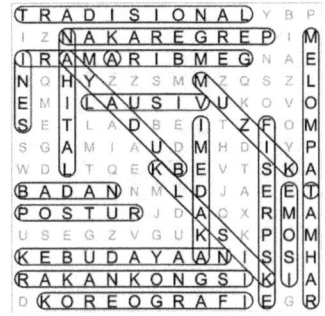

30 - Coffee

31 - Colors

32 - Scientific Disciplines

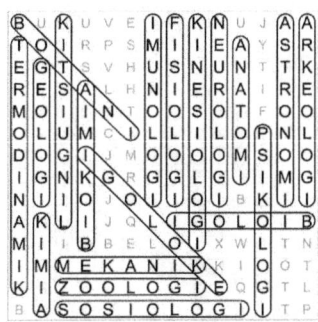

33 - Science

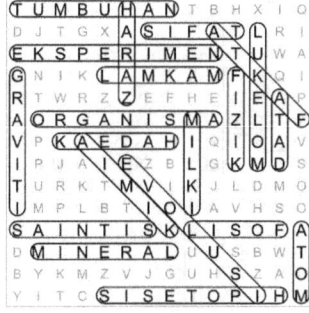

34 - Beauty

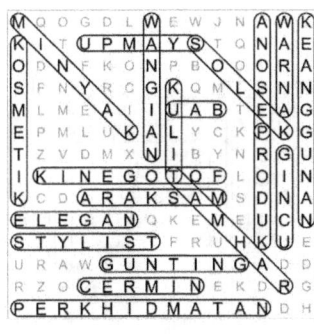

35 - Clothes

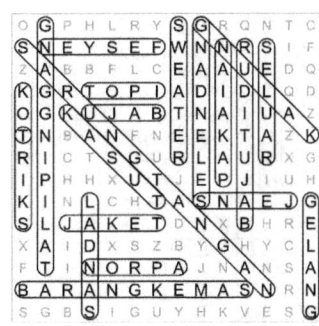

36 - Astronomy

37 - Health and Wellness #2

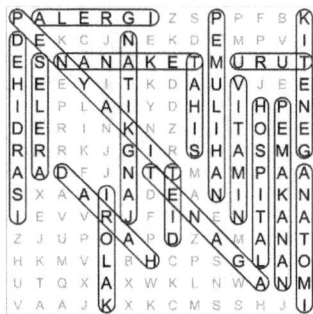

38 - Time

39 - Buildings

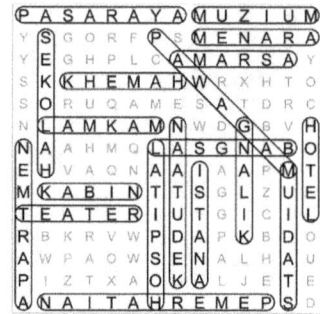

40 - Philanthropy

41 - Gardening

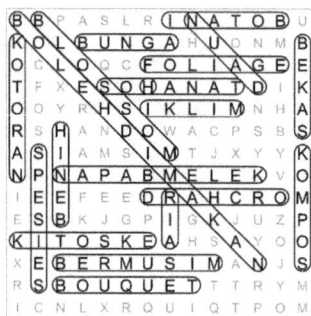

42 - Herbalism

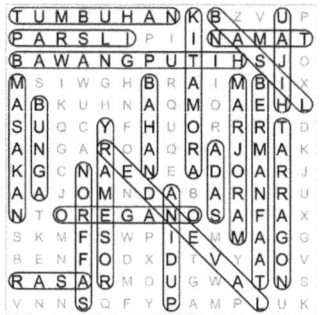

43 - Vehicles

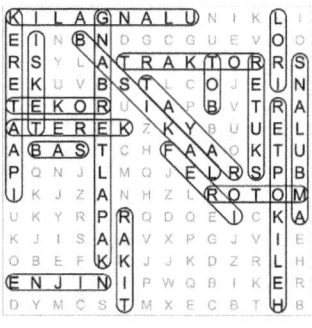

44 - Health and Wellness #1

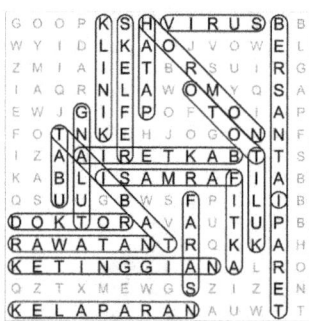

45 - Town

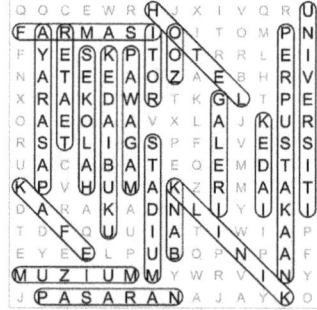

46 - Antarctica

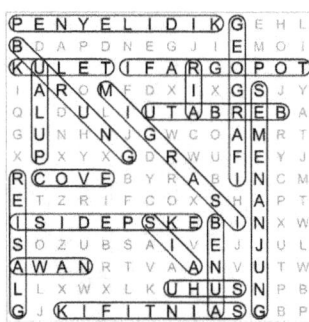

47 - Ballet

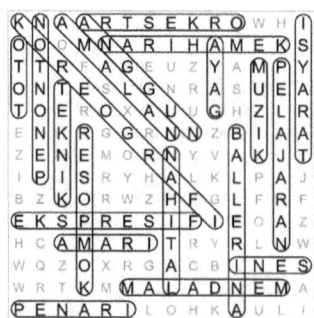

48 - Fashion

49 - Human Body

50 - Musical Instruments

51 - Fruit

52 - Engineering

53 - Kitchen

54 - Government

55 - Art Supplies

56 - Science Fiction

57 - Geometry

58 - Creativity

59 - Airplanes

60 - Ocean

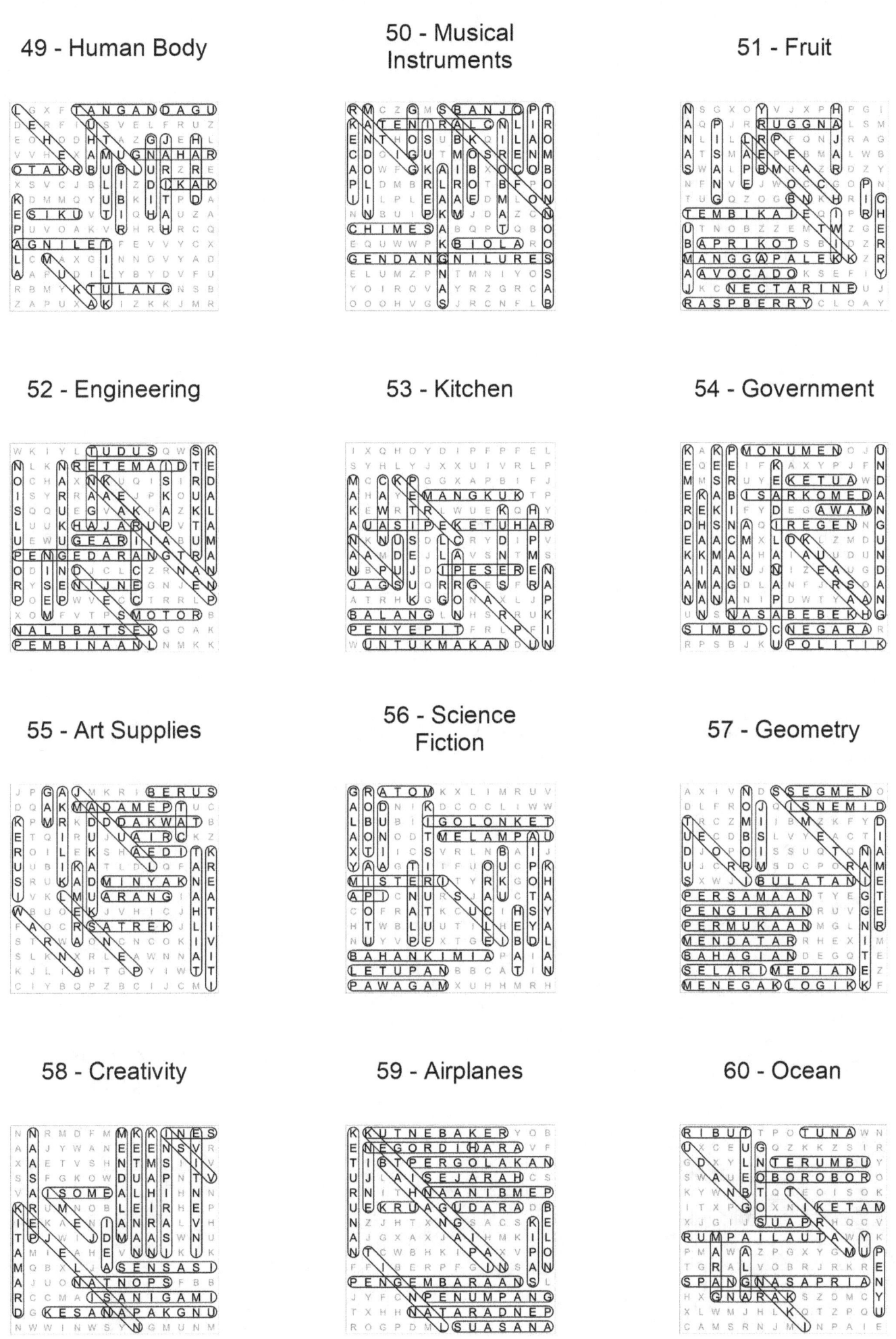

61 - Force and Gravity

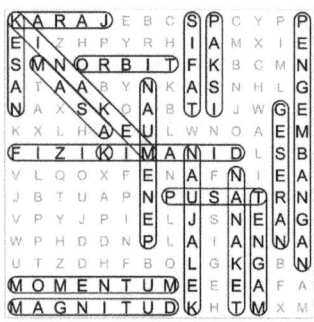

62 - Birds

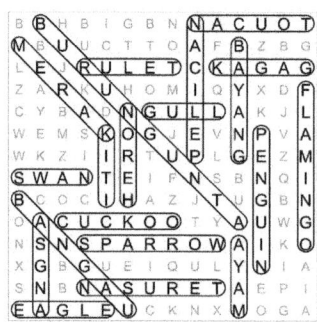

63 - Art

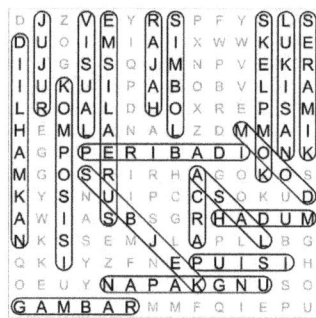

64 - Nutrition

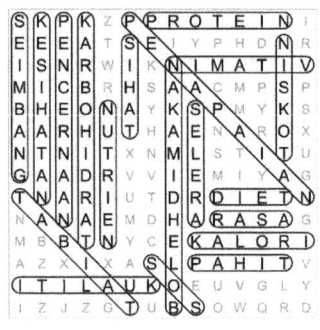

65 - Hiking

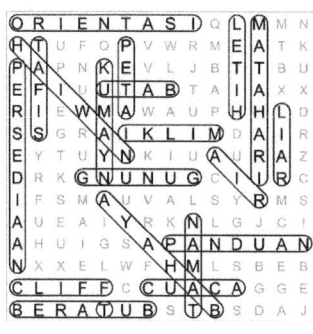

66 - Professions #1

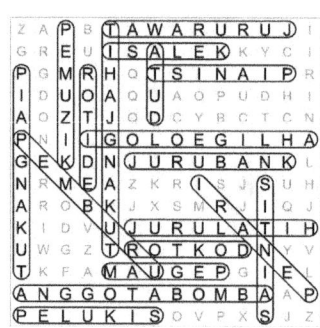

67 - Barbecues

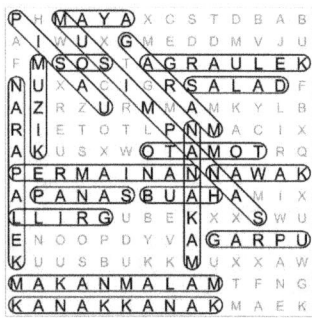

68 - Chocolate

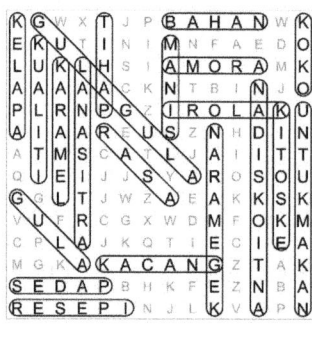

69 - Vegetables

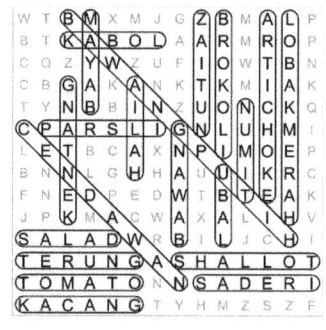

70 - The Media

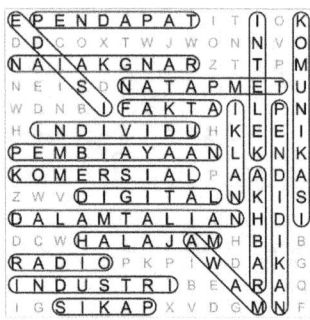

71 - Boats

72 - Activities and Leisure

73 - Driving

74 - Professions #2

75 - Emotions

76 - Mythology

77 - Garden

78 - Diplomacy

79 - Countries #1

80 - Adjectives #1

81 - Rainforest

82 - Technology

83 - Landscapes

84 - Visual Arts

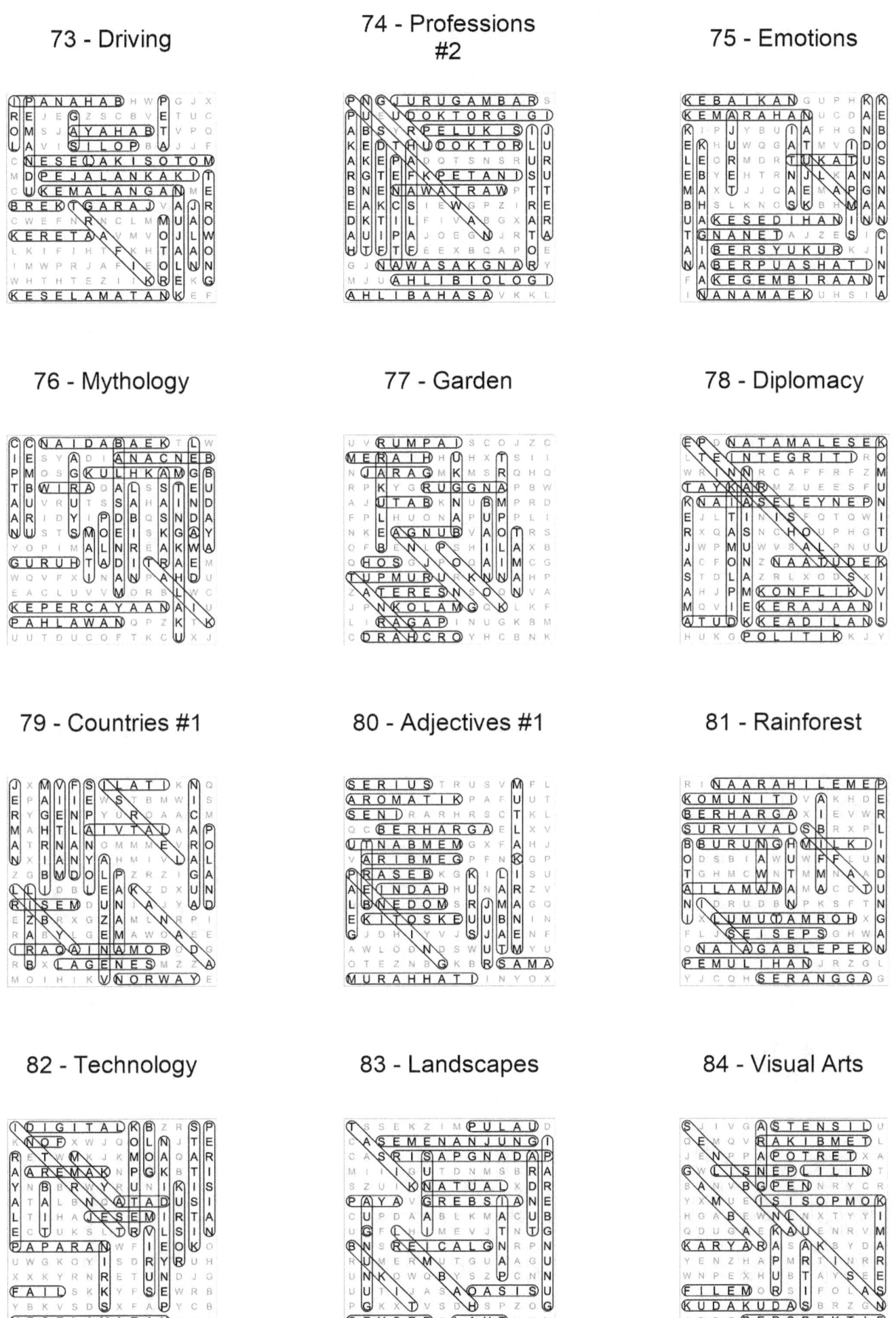

85 - Plants

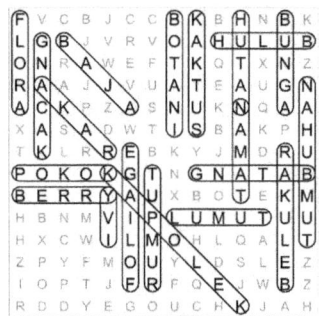

86 - Boxing

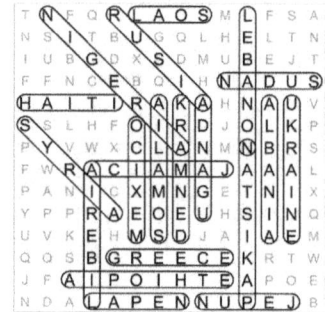

87 - Countries #2

88 - Ecology

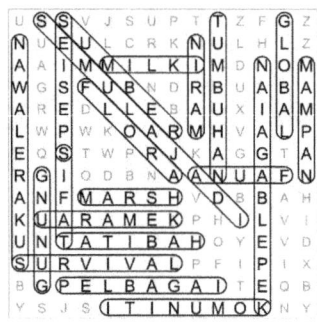

89 - Adjectives #2

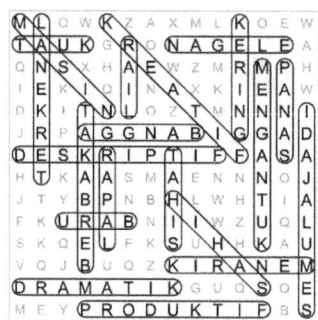

90 - Psychology

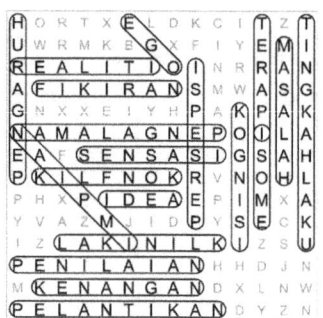

91 - Math

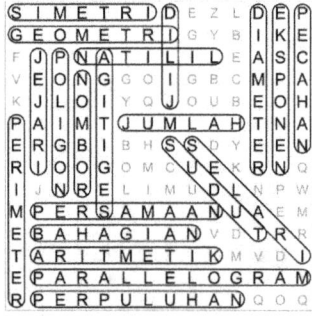

92 - Activities

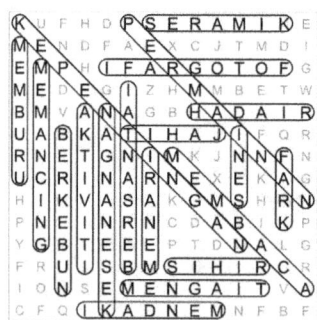

93 - Business

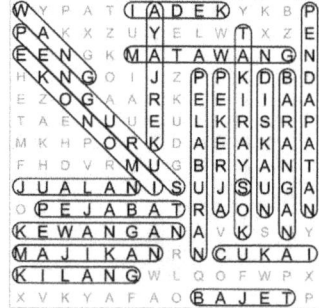

94 - The Company

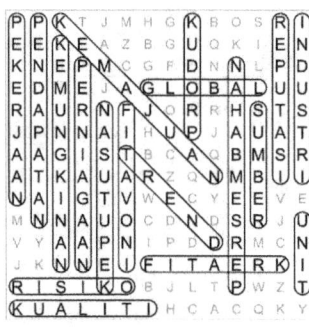

95 - Literature

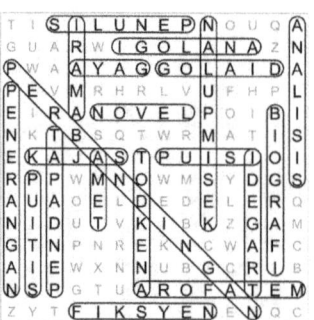

96 - Geography

97 - Pets

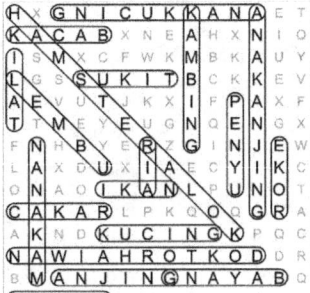

98 - Jazz

99 - Nature

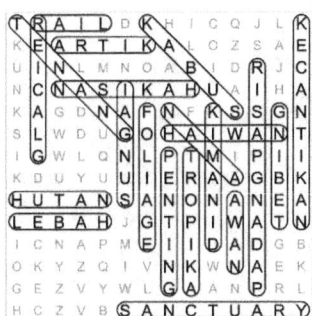

100 - Vacation #2

Dictionary

Activities
Aktiviti

Activity	Aktiviti
Art	Seni
Ceramics	Seramik
Crafts	Kraf
Dancing	Menari
Fishing	Memancing
Games	Permainan
Gardening	Berkebun
Hiking	Mendaki
Hunting	Memburu
Interests	Kepentingan
Knitting	Mengait
Leisure	Riadah
Magic	Sihir
Photography	Fotografi
Pleasure	Kesenangan
Reading	Membaca
Relaxation	Bersantai
Sewing	Jahit
Skill	Kemahiran

Activities and Leisure
Aktiviti dan Lapang

Art	Seni
Baseball	Besbol
Boxing	Tinju
Diving	Menyelam
Fishing	Memancing
Gardening	Berkebun
Golf	Golf
Hiking	Mendaki
Hobbies	Hobi
Painting	Lukisan
Racing	Perlumbaan
Relaxing	Santai
Shopping	Membeli-Belah
Soccer	Bola Sepak
Surfing	Melayari
Swimming	Berenang
Tennis	Tenis
Travel	Perjalanan
Volleyball	Bola Tampar

Adjectives #1
Kata Sifat #1

Absolute	Mutlak
Aromatic	Aromatik
Artistic	Seni
Attractive	Menarik
Beautiful	Indah
Dark	Gelap
Exotic	Eksotik
Generous	Murah Hati
Happy	Gembira
Heavy	Berat
Helpful	Membantu
Honest	Jujur
Huge	Besar
Identical	Sama
Important	Penting
Modern	Moden
Serious	Serius
Slow	Lambat
Thin	Kurus
Valuable	Berharga

Adjectives #2
Kata Sifat #2

Authentic	Sahih
Creative	Kreatif
Descriptive	Deskriptif
Dramatic	Dramatik
Dry	Kering
Elegant	Elegan
Famous	Terkenal
Gifted	Berbakat
Healthy	Sihat
Hot	Panas
Hungry	Lapar
Interesting	Menarik
Natural	Semulajadi
New	Baru
Productive	Produktif
Proud	Bangga
Salty	Masin
Sleepy	Mengantuk
Strong	Kuat
Wild	Liar

Adventure
Pengembaraan

Activity	Aktiviti
Beauty	Kecantikan
Bravery	Keberanian
Challenges	Cabaran
Chance	Peluang
Dangerous	Berbahaya
Destination	Destinasi
Difficulty	Kesukaran
Enthusiasm	Semangat
Excursion	Lawatan
Friends	Kawan
Joy	Kegembiraan
Nature	Sifat
Navigation	Navigasi
New	Baru
Preparation	Persediaan
Safety	Keselamatan
Surprising	Mengejutkan
Travels	Perjalanan
Unusual	Luar Biasa

Airplanes
Kapal Terbang

Adventure	Pengembaraan
Air	Udara
Atmosphere	Suasana
Balloon	Belon
Construction	Pembinaan
Crew	Kru
Descent	Keturunan
Design	Reka Bentuk
Direction	Arah
Engine	Enjin
Fuel	Bahan Api
Height	Ketinggian
History	Sejarah
Hydrogen	Hidrogen
Landing	Pendaratan
Passenger	Penumpang
Pilot	Juruterbang
Propellers	Kipas
Sky	Langit
Turbulence	Pergolakan

Algebra
Aljabar

Diagram	Rajah
Division	Bahagian
Equation	Persamaan
Exponent	Eksponen
Factor	Faktor
False	Salah
Formula	Formula
Fraction	Pecahan
Graph	Graf
Infinite	Tak Terhingga
Linear	Linear
Matrix	Matriks
Number	Nombor
Parenthesis	Kurungan
Problem	Masalah
Simplify	Memudahkan
Solution	Penyelesaian
Subtraction	Penolakan
Variable	Ubah
Zero	Sifar

Antarctica
Antartika

Bay	Teluk
Birds	Burung
Clouds	Awan
Conservation	Pemuliharaan
Continent	Benua
Cove	Cove
Environment	Persekitaran
Expedition	Ekspedisi
Geography	Geografi
Glaciers	Glasier
Ice	Ais
Islands	Pulau
Migration	Migrasi
Peninsula	Semenanjung
Researcher	Penyelidik
Rocky	Berbatu
Scientific	Saintifik
Temperature	Suhu
Topography	Topografi
Water	Air

Antiques
Barang-Barang Antik

Art	Seni
Auction	Lelongan
Authentic	Sahih
Century	Abad
Coins	Syiling
Decades	Dekad
Decorative	Hiasan
Elegant	Elegan
Furniture	Perabot
Gallery	Galeri
Investment	Pelaburan
Jewelry	Barang Kemas
Old	Lama
Price	Harga
Quality	Kualiti
Restoration	Pemulihan
Sculpture	Arca
Style	Gaya
Unusual	Luar Biasa
Value	Nilai

Archeology
Arkeologi

Analysis	Analisis
Ancient	Purba
Antiquity	Antikuiti
Bones	Tulang
Civilization	Tamadun
Descendant	Keturunan
Era	Era
Evaluation	Penilaian
Expert	Pakar
Findings	Penemuan
Forgotten	Terlupa
Fossil	Fosil
Fragments	Serpihan
Mystery	Misteri
Objects	Objek
Pottery	Tembikar
Researcher	Penyelidik
Team	Pasukan
Temple	Kuil
Tomb	Kubur

Art
Seni

Ceramic	Seramik
Complex	Kompleks
Composition	Komposisi
Expression	Ungkapan
Figure	Rajah
Honest	Jujur
Inspired	Diilhamkan
Mood	Mood
Original	Asal
Paintings	Lukisan
Personal	Peribadi
Poetry	Puisi
Portray	Gambar
Sculpture	Arca
Simple	Mudah
Subject	Subjek
Surrealism	Surealisme
Symbol	Simbol
Visual	Visual

Art Supplies
Bekalan Seni

Acrylic	Akrilik
Brushes	Berus
Camera	Kamera
Chair	Kerusi
Charcoal	Arang
Clay	Tanah Liat
Colors	Warna
Creativity	Kreativiti
Easel	Kuda-Kuda
Eraser	Pemadam
Glue	Gam
Ideas	Idea
Ink	Dakwat
Oil	Minyak
Paints	Cat
Paper	Kertas
Pencils	Pensel
Table	Jadual
Water	Air

Astronomy
Astronomi

Asteroid	Asteroid
Astronaut	Angkasawan
Constellation	Buruj
Cosmos	Cosmos
Earth	Bumi
Eclipse	Gerhana
Equinox	Equinox
Galaxy	Galaxy
Meteor	Meteor
Moon	Bulan
Nebula	Nebula
Observatory	Pemerhatian
Planet	Planet
Radiation	Radiasi
Rocket	Roket
Satellite	Satelit
Sky	Langit
Solar	Solar
Supernova	Supernova
Zodiac	Zodiak

Ballet
Ballet

Artistic	Seni
Audience	Penonton
Ballerina	Ballerina
Choreography	Koreografi
Composer	Komposer
Dancers	Penari
Expressive	Ekspresif
Gesture	Isyarat
Graceful	Anggun
Intensity	Mendalam
Lessons	Pelajaran
Muscles	Otot
Music	Muzik
Orchestra	Orkestra
Practice	Amalan
Rehearsal	Latihan
Rhythm	Irama
Skill	Kemahiran
Style	Gaya
Technique	Teknik

Barbecues
Barbeku

Chicken	Ayam
Children	Kanak-Kanak
Dinner	Makan Malam
Family	Keluarga
Food	Makanan
Forks	Garpu
Friends	Kawan
Fruit	Buah
Games	Permainan
Grill	Grill
Hot	Panas
Hunger	Kelaparan
Knives	Pisau
Music	Muzik
Salads	Salad
Salt	Garam
Sauce	Sos
Summer	Musim Panas
Tomatoes	Tomato
Vegetables	Sayur-Sayuran

Beauty
Kecantikan

Charm	Pesona
Color	Warna
Cosmetics	Kosmetik
Elegance	Keanggunan
Elegant	Elegan
Fragrance	Wangian
Grace	Rahmat
Lipstick	Gincu
Makeup	Solek
Mascara	Maskara
Mirror	Cermin
Oils	Minyak
Photogenic	Fotogenik
Products	Produk
Scent	Bau
Scissors	Gunting
Services	Perkhidmatan
Shampoo	Syampu
Skin	Kulit
Stylist	Stylist

Bees
Lebah

Beneficial	Bermanfaat
Blossom	Blossom
Diversity	Kepelbagaian
Ecosystem	Ekosistem
Flowers	Bunga
Food	Makanan
Fruit	Buah
Garden	Taman
Habitat	Habitat
Hive	Sarang
Honey	Madu
Insect	Serangga
Plants	Tumbuhan
Pollen	Debunga
Pollinator	Pollinator
Queen	Ratu
Smoke	Asap
Sun	Matahari
Swarm	Berkembang
Wax	Lilin

Birds
Burung-Burung

Canary	Terusan
Chicken	Ayam
Crow	Gagak
Cuckoo	Cuckoo
Duck	Itik
Eagle	Eagle
Egg	Telur
Flamingo	Flamingo
Goose	Angsa
Gull	Gull
Heron	Heron
Ostrich	Burung Unta
Parrot	Bayang
Peacock	Merak
Pelican	Pelican
Penguin	Penguin
Sparrow	Sparrow
Stork	Bangau
Swan	Swan
Toucan	Toucan

Boats
Bot

Anchor	Sauh
Buoy	Pelampung
Canoe	Kanu
Crew	Kru
Dock	Dok
Engine	Enjin
Ferry	Feri
Kayak	Kayak
Lake	Tasik
Mast	Tiang
Nautical	Nautika
Ocean	Lautan
Raft	Rakit
River	Sungai
Rope	Tali
Sailor	Kelasi
Sea	Laut
Tide	Air Pasang
Waves	Ombak
Yacht	Kapal Layar

Books
Buku-Buku

Adventure	Pengembaraan
Author	Penulis
Character	Watak
Collection	Koleksi
Context	Konteks
Duality	Berbelah
Epic	Epik
Historical	Sejarah
Humorous	Lucu
Inventive	Inventive
Literary	Sastera
Novel	Novel
Page	Halaman
Poetry	Puisi
Reader	Pembaca
Relevant	Relevan
Series	Siri
Story	Cerita
Tragic	Tragis
Written	Ditulis

Boxing
Tinju

Bell	Loceng
Body	Badan
Chin	Dagu
Corner	Sudut
Elbow	Siku
Exhausted	Letih
Fighter	Pejuang
Fist	Fist
Focus	Fokus
Gloves	Sarung Tangan
Injuries	Kecederaan
Kick	Tendangan
Opponent	Lawan
Points	Mata
Quick	Cepat
Recovery	Pemulihan
Referee	Pengadil
Ropes	Tali
Skill	Kemahiran
Strength	Kekuatan

Buildings
Bangunan

Apartment	Apartmen
Barn	Bangsal
Cabin	Kabin
Castle	Istana
Cinema	Pawagam
Embassy	Kedutaan
Factory	Kilang
Hospital	Hospital
Hostel	Asrama
Hotel	Hotel
Laboratory	Makmal
Museum	Muzium
Observatory	Pemerhatian
School	Sekolah
Stadium	Stadium
Supermarket	Pasaraya
Tent	Khemah
Theater	Teater
Tower	Menara
University	Universiti

Business
Perniagaan

Budget	Bajet
Career	Kerjaya
Company	Syarikat
Cost	Kos
Currency	Mata Wang
Discount	Diskaun
Economics	Ekonomi
Employee	Pekerja
Employer	Majikan
Factory	Kilang
Finance	Kewangan
Income	Pendapatan
Investment	Pelaburan
Manager	Pengurus
Merchandise	Barangan
Money	Wang
Office	Pejabat
Sale	Jualan
Shop	Kedai
Taxes	Cukai

Camping
Perkhemahan

Adventure	Pengembaraan
Animals	Haiwan
Cabin	Kabin
Canoe	Kanu
Compass	Kompas
Fire	Api
Forest	Hutan
Fun	Menyeronokkan
Hammock	Buaian
Hat	Topi
Hunting	Memburu
Insect	Serangga
Lake	Tasik
Map	Peta
Moon	Bulan
Mountain	Gunung
Nature	Sifat
Rope	Tali
Tent	Khemah
Trees	Pokok

Cats
Kucing

Affectionate	Penyayang
Claw	Cakar
Crazy	Gila
Curious	Ingin Tahu
Fast	Cepat
Funny	Lucu
Fur	Bulu
Hunter	Pemburu
Independent	Bebas
Little	Sedikit
Mouse	Tikus
Paw	Tapak Kaki
Personality	Personaliti
Playful	Suka Bermain
Shy	Malu
Sleep	Tidur
Tail	Ekor
Wild	Liar
Yarn	Benang

Chemistry
Kimia

Acid	Asid
Alkaline	Alkali
Atomic	Atom
Carbon	Karbon
Catalyst	Pemangkin
Chlorine	Klorin
Electron	Elektron
Enzyme	Enzim
Gas	Gas
Heat	Haba
Hydrogen	Hidrogen
Ion	Ion
Liquid	Cecair
Molecule	Molekul
Nuclear	Nuklear
Organic	Organik
Oxygen	Oksigen
Salt	Garam
Temperature	Suhu
Weight	Berat Badan

Chess
Catur

Black	Hitam
Challenges	Cabaran
Champion	Juara
Clever	Pandai
Contest	Pertandingan
Diagonal	Diagonal
Game	Permainan
King	Raja
Opponent	Lawan
Passive	Pasif
Player	Pemain
Points	Mata
Queen	Ratu
Rules	Peraturan
Sacrifice	Pengorbanan
Strategy	Strategi
Time	Masa
To Learn	Untuk Belajar
Tournament	Kejohanan
White	Putih

Chocolate
Coklat

Antioxidant	Antioksidan
Aroma	Aroma
Artisanal	Artisanal
Bitter	Pahit
Cacao	Koko
Calories	Kalori
Candy	Gula-Gula
Caramel	Karamel
Coconut	Kelapa
Delicious	Sedap
Exotic	Eksotik
Favorite	Kegemaran
Ingredient	Bahan
Peanuts	Kacang
Quality	Kualiti
Recipe	Resepi
Sugar	Gula
Sweet	Manis
Taste	Rasa
To Eat	Untuk Makan

Circus
Sarkas

Acrobat	Akrobat
Animals	Haiwan
Balloons	Belon
Candy	Gula-Gula
Clown	Badut
Costume	Pakaian
Elephant	Gajah
Entertain	Melayan
Juggler	Juggler
Lion	Singa
Magic	Sihir
Monkey	Monyet
Music	Muzik
Parade	Perbarisan
Show	Tunjukkan
Spectacular	Menakjubkan
Spectator	Penonton
Tent	Khemah
Tiger	Harimau
Trick	Helah

Clothes
Pakaian

Apron	Apron
Belt	Tali Pinggang
Bracelet	Gelang
Coat	Kot
Dress	Pakaian
Fashion	Fesyen
Gloves	Sarung Tangan
Hat	Topi
Jacket	Jaket
Jeans	Jeans
Jewelry	Barang Kemas
Necklace	Kalung
Pajamas	Baju Tidur
Pants	Seluar
Sandals	Sandal
Scarf	Selendang
Shirt	Baju
Shoe	Kasut
Skirt	Skirt
Sweater	Sweater

Coffee
Kopi

Aroma	Aroma
Beverage	Minuman
Bitter	Pahit
Black	Hitam
Caffeine	Kafein
Cream	Krim
Cup	Cawan
Filter	Penapis
Flavor	Rasa
Grind	Mengisar
Liquid	Cecair
Milk	Susu
Morning	Pagi
Origin	Asal
Price	Harga
Roasted	Panggang
Sugar	Gula
Variety	Pelbagai
Water	Air

Colors
Warna

Azure	Azure
Beige	Beige
Black	Hitam
Blue	Biru
Brown	Coklat
Cyan	Sian
Fuchsia	Fuchsia
Green	Hijau
Grey	Kelabu
Indigo	Indigo
Magenta	Magenta
Orange	Oren
Pink	Merah Jambu
Purple	Ungu
Red	Merah
Sepia	Sepia
Violet	Violet
White	Putih
Yellow	Kuning

Countries #1
Negara-Negara #1

Brazil	Brazil
Canada	Kanada
Egypt	Mesir
Finland	Finland
Germany	Jerman
Iraq	Iraq
Israel	Israel
Italy	Itali
Latvia	Latvia
Libya	Libya
Morocco	Maghribi
Nicaragua	Nicaragua
Norway	Norway
Panama	Panama
Poland	Poland
Romania	Romania
Senegal	Senegal
Spain	Sepanyol
Venezuela	Venezuela
Vietnam	Vietnam

Countries #2
Negara-Negara #2

Albania	Albania
Denmark	Denmark
Ethiopia	Ethiopia
Greece	Greece
Haiti	Haiti
Jamaica	Jamaica
Japan	Jepun
Laos	Laos
Lebanon	Lebanon
Liberia	Liberia
Mexico	Mexico
Nepal	Nepal
Nigeria	Nigeria
Pakistan	Pakistan
Russia	Rusia
Somalia	Somalia
Sudan	Sudan
Syria	Syria
Uganda	Uganda
Ukraine	Ukraine

Creativity
Kreativiti

Artistic	Seni
Authenticity	Ketulenan
Clarity	Kejelasan
Dramatic	Dramatik
Emotions	Emosi
Expression	Ungkapan
Feelings	Perasaan
Ideas	Idea
Image	Imej
Imagination	Imaginasi
Impression	Kesan
Inspiration	Inspirasi
Intensity	Mendalam
Inventive	Inventive
Sensation	Sensasi
Skill	Kemahiran
Spontaneous	Spontan
Visions	Visi
Vitality	Kecergasan

Dance
Tarian

Academy	Akademi
Art	Seni
Body	Badan
Choreography	Koreografi
Classical	Klasik
Cultural	Kebudayaan
Culture	Budaya
Emotion	Emosi
Expressive	Ekspresif
Grace	Rahmat
Joyful	Gembira
Jump	Melompat
Movement	Pergerakan
Music	Muzik
Partner	Rakan Kongsi
Posture	Postur
Rehearsal	Latihan
Rhythm	Irama
Traditional	Tradisional
Visual	Visual

Days and Months
Hari-Hari dan Bulan

April	April
August	Ogos
Calendar	Kalendar
February	Februari
Friday	Jumaat
January	Januari
July	Julai
March	Mac
Monday	Isnin
Month	Bulan
November	November
October	Oktober
Saturday	Sabtu
September	September
Sunday	Ahad
Thursday	Khamis
Tuesday	Selasa
Wednesday	Rabu
Week	Minggu
Year	Tahun

Diplomacy
Diplomasi

Adviser	Penasihat
Ambassador	Duta
Citizens	Rakyat
Civic	Sivik
Community	Komuniti
Conflict	Konflik
Cooperation	Kerjasama
Diplomatic	Diplomatik
Discussion	Perbincangan
Embassy	Kedutaan
Ethics	Etika
Government	Kerajaan
Humanitarian	Kemanusiaan
Integrity	Integriti
Justice	Keadilan
Politics	Politik
Resolution	Resolusi
Security	Keselamatan
Solution	Penyelesaian
Treaty	Perjanjian

Driving
Memandu

Accident	Kemalangan
Brakes	Brek
Car	Kereta
Danger	Bahaya
Driver	Pemandu
Fuel	Bahan Api
Garage	Garaj
Gas	Gas
License	Lesen
Map	Peta
Motor	Motor
Motorcycle	Motosikal
Pedestrian	Pejalan Kaki
Police	Polis
Safety	Keselamatan
Speed	Kelajuan
Street	Jalan
Traffic	Trafik
Truck	Lori
Tunnel	Terowong

Ecology
Ekologi

Climate	Iklim
Communities	Komuniti
Diversity	Kepelbagaian
Drought	Kemarau
Fauna	Fauna
Flora	Flora
Global	Global
Habitat	Habitat
Marine	Marin
Marsh	Marsh
Mountains	Gunung
Natural	Semulajadi
Nature	Sifat
Resources	Sumber
Species	Spesies
Survival	Survival
Sustainable	Mampan
Variety	Pelbagai
Vegetation	Tumbuhan
Volunteers	Sukarelawan

Emotions
Emosi

Anger	Kemarahan
Bliss	Kebahagiaan
Boredom	Kebosanan
Calm	Tenang
Content	Kandungan
Embarrassed	Malu
Excited	Teruja
Fear	Takut
Grateful	Bersyukur
Joy	Kegembiraan
Kindness	Kebaikan
Love	Cinta
Peace	Keamanan
Relaxed	Santai
Sadness	Kesedihan
Satisfied	Berpuas Hati
Surprise	Kejutan
Sympathy	Simpati
Tenderness	Kelembutan
Tranquility	Ketenangan

Energy
Tenaga

Battery	Bateri
Carbon	Karbon
Diesel	Diesel
Electric	Elektrik
Electron	Elektron
Engine	Enjin
Entropy	Entropi
Environment	Persekitaran
Fuel	Bahan Api
Gasoline	Petrol
Heat	Haba
Hydrogen	Hidrogen
Industry	Industri
Motor	Motor
Nuclear	Nuklear
Photon	Foton
Pollution	Pencemaran
Steam	Wap
Turbine	Turbin
Wind	Angin

Engineering
Kejuruteraan

Angle	Sudut
Axis	Paksi
Calculation	Pengiraan
Construction	Pembinaan
Depth	Kedalaman
Diagram	Rajah
Diameter	Diameter
Diesel	Diesel
Distribution	Pengedaran
Energy	Tenaga
Engine	Enjin
Gears	Gear
Liquid	Cecair
Machine	Mesin
Measurement	Pengukuran
Motor	Motor
Propulsion	Propulsion
Stability	Kestabilan
Strength	Kekuatan
Structure	Struktur

Farm #1
Ladang #1

Agriculture	Pertanian
Bee	Lebah
Bison	Bison
Calf	Anak Lembu
Cat	Kucing
Chicken	Ayam
Cow	Lembu
Crow	Gagak
Dog	Anjing
Donkey	Keldai
Fence	Pagar
Fertilizer	Baja
Field	Padang
Goat	Kambing
Hay	Jerami
Honey	Madu
Horse	Kuda
Rice	Beras
Seeds	Benih
Water	Air

Farm #2
Ladang #2

Animals	Haiwan
Barley	Barli
Barn	Bangsal
Corn	Jagung
Duck	Itik
Farmer	Petani
Food	Makanan
Fruit	Buah
Irrigation	Pengairan
Lamb	Kambing
Llama	Llama
Meadow	Padang
Milk	Susu
Orchard	Orchard
Sheep	Domba
Shepherd	Gembala
Tractor	Traktor
Vegetable	Sayur
Wheat	Gandum
Windmill	Kincir Angin

Fashion
Fesyen

Affordable	Berpatutan
Boutique	Butik
Buttons	Butang
Clothing	Pakaian
Comfortable	Selesa
Elegant	Elegan
Embroidery	Sulaman
Expensive	Mahal
Fabric	Fabrik
Lace	Renda
Measurements	Ukuran
Minimalist	Minimalis
Modern	Moden
Modest	Sederhana
Original	Asal
Pattern	Corak
Practical	Praktikal
Style	Gaya
Texture	Tekstur
Trend	Trend

Food #1
Makanan #1

Apricot	Aprikot
Barley	Barli
Basil	Basil
Carrot	Lobak Merah
Cinnamon	Kayu Manis
Garlic	Bawang Putih
Juice	Jus
Lemon	Lemon
Milk	Susu
Onion	Bawang
Peanut	Kacang
Pear	Pir
Salad	Salad
Salt	Garam
Soup	Sup
Spinach	Bayam
Strawberry	Strawberi
Sugar	Gula
Tuna	Tuna
Turnip	Lobak

Food #2
Makanan #2

Apple	Epal
Artichoke	Artichoke
Banana	Pisang
Broccoli	Brokoli
Celery	Saderi
Cheese	Keju
Cherry	Cherry
Chicken	Ayam
Chocolate	Coklat
Egg	Telur
Eggplant	Terung
Fish	Ikan
Grape	Anggur
Ham	Ham
Kiwi	Kiwi
Mushroom	Cendawan
Rice	Beras
Tomato	Tomato
Wheat	Gandum
Yogurt	Yogurt

Force and Gravity
Daya dan Graviti

Axis	Paksi
Center	Pusat
Discovery	Penemuan
Distance	Jarak
Dynamic	Dinamik
Expansion	Pengembangan
Friction	Geseran
Impact	Kesan
Magnetism	Magnet
Magnitude	Magnitud
Mechanics	Mekanik
Momentum	Momentum
Orbit	Orbit
Physics	Fizik
Pressure	Tekanan
Properties	Sifat
Speed	Kelajuan
Time	Masa
Universal	Universal
Weight	Berat Badan

Fruit
Buah-Buahan

Apple	Epal
Apricot	Aprikot
Avocado	Avocado
Banana	Pisang
Berry	Berry
Cherry	Cherry
Coconut	Kelapa
Fig	Rajah
Grape	Anggur
Guava	Jambu
Kiwi	Kiwi
Lemon	Lemon
Mango	Mangga
Melon	Tembikai
Nectarine	Nectarine
Papaya	Betik
Peach	Peach
Pear	Pir
Pineapple	Nanas
Raspberry	Raspberry

Garden
Taman

Bench	Bangku
Bush	Belukar
Fence	Pagar
Flower	Bunga
Garage	Garaj
Garden	Taman
Grass	Rumput
Hammock	Buaian
Hose	Hos
Orchard	Orchard
Pond	Kolam
Porch	Anjung
Rake	Meraih
Rocks	Batu
Soil	Tanah
Terrace	Teres
Trampoline	Trampolin
Tree	Pokok
Vine	Anggur
Weeds	Rumpai

Gardening
Berkebun

Blossom	Blossom
Botanical	Botani
Bouquet	Bouquet
Climate	Iklim
Compost	Kompos
Container	Bekas
Dirt	Kotoran
Edible	Boleh Dimakan
Exotic	Eksotik
Floral	Bunga
Foliage	Foliage
Hose	Hos
Leaf	Daun
Moisture	Kelembapan
Orchard	Orchard
Seasonal	Bermusim
Seeds	Benih
Soil	Tanah
Species	Spesies
Water	Air

Geography
Geografi

Altitude	Ketinggian
Atlas	Atlas
City	Kota
Continent	Benua
Country	Negara
Hemisphere	Hemisfera
Island	Pulau
Latitude	Latitud
Map	Peta
Meridian	Meridian
Mountain	Gunung
North	Utara
Ocean	Lautan
Region	Rantau
River	Sungai
Sea	Laut
South	Selatan
Territory	Wilayah
West	Barat
World	Dunia

Geology
Geologi

Acid	Asid
Calcium	Kalsium
Cavern	Gua
Continent	Benua
Coral	Karang
Crystals	Kristal
Cycles	Kitaran
Earthquake	Gempa Bumi
Erosion	Hakisan
Fossil	Fosil
Geyser	Geyser
Lava	Lava
Layer	Lapisan
Minerals	Mineral
Plateau	Dataran
Quartz	Quartz
Salt	Garam
Stalactite	Stalaktit
Stone	Batu
Volcano	Gunung Berapi

Geometry
Geometri

Angle	Sudut
Calculation	Pengiraan
Circle	Bulatan
Diameter	Diameter
Dimension	Dimensi
Equation	Persamaan
Height	Ketinggian
Horizontal	Mendatar
Logic	Logik
Mass	Jisim
Median	Median
Number	Nombor
Parallel	Selari
Proportion	Bahagian
Segment	Segmen
Surface	Permukaan
Symmetry	Simetri
Theory	Teori
Triangle	Segitiga
Vertical	Menegak

Government
Kerajaan

Civil	Awam
Constitution	Perlembagaan
Democracy	Demokrasi
Discussion	Perbincangan
District	Daerah
Equality	Kesaksamaan
Independence	Kemerdekaan
Judicial	Kehakiman
Justice	Keadilan
Law	Undang-Undang
Leader	Ketua
Liberty	Kebebasan
Monument	Monumen
Nation	Negara
Peaceful	Aman
Politics	Politik
Power	Kuasa
Speech	Ucapan
State	Negeri
Symbol	Simbol

Health and Wellness #1
Kesihatan dan Kesejahter

Active	Aktif
Bacteria	Bakteria
Bones	Tulang
Clinic	Klinik
Doctor	Doktor
Fracture	Patah
Habit	Tabiat
Height	Ketinggian
Hormones	Hormon
Hunger	Kelaparan
Medicine	Ubat
Muscles	Otot
Nerves	Saraf
Pharmacy	Farmasi
Reflex	Refleks
Relaxation	Bersantai
Skin	Kulit
Therapy	Terapi
Treatment	Rawatan
Virus	Virus

Health and Wellness #2
Kesihatan dan Kesejahter

Allergy	Alergi
Anatomy	Anatomi
Appetite	Selera
Blood	Darah
Calorie	Kalori
Dehydration	Dehidrasi
Diet	Diet
Disease	Penyakit
Energy	Tenaga
Genetics	Genetik
Healthy	Sihat
Hospital	Hospital
Hygiene	Kebersihan
Infection	Jangkitan
Massage	Urut
Nutrition	Pemakanan
Recovery	Pemulihan
Stress	Tekanan
Vitamin	Vitamin
Weight	Berat Badan

Herbalism
Herbalisme

Aromatic	Aromatik
Basil	Basil
Beneficial	Bermanfaat
Culinary	Masakan
Fennel	Adas
Flavor	Rasa
Flower	Bunga
Garden	Taman
Garlic	Bawang Putih
Green	Hijau
Ingredient	Bahan
Lavender	Lavender
Marjoram	Marjoram
Mint	Pudina
Oregano	Oregano
Parsley	Parsli
Plant	Tumbuhan
Rosemary	Rosemary
Saffron	Saffron
Tarragon	Tarragon

Hiking
Mendaki

Animals	Haiwan
Boots	But
Cliff	Cliff
Climate	Iklim
Guides	Panduan
Hazards	Bahaya
Heavy	Berat
Map	Peta
Mosquitoes	Nyamuk
Mountain	Gunung
Nature	Sifat
Orientation	Orientasi
Parks	Taman
Preparation	Persediaan
Stones	Batu
Sun	Matahari
Tired	Letih
Water	Air
Weather	Cuaca
Wild	Liar

House
Rumah

Attic	Loteng
Basement	Basement
Broom	Penyapu
Curtains	Langsir
Door	Pintu
Fence	Pagar
Floor	Lantai
Furniture	Perabot
Garage	Garaj
Garden	Taman
Keys	Kunci
Kitchen	Dapur
Lamp	Lampu
Library	Perpustakaan
Mirror	Cermin
Roof	Atap
Room	Bilik
Shower	Mandian
Wall	Dinding
Window	Tingkap

Human Body
Badan Manusia

Blood	Darah
Bones	Tulang
Brain	Otak
Chin	Dagu
Ear	Telinga
Elbow	Siku
Face	Muka
Finger	Jari
Hand	Tangan
Head	Kepala
Heart	Hati
Jaw	Rahang
Knee	Lutut
Leg	Kaki
Lips	Bibir
Mouth	Mulut
Neck	Leher
Nose	Hidung
Shoulder	Bahu
Skin	Kulit

Jazz
Jazz

Album	Album
Artist	Artis
Composer	Komposer
Composition	Komposisi
Concert	Konsert
Drums	Gendang
Emphasis	Penekanan
Famous	Terkenal
Favorites	Kegemaran
Genre	Genre
Influences	Pengaruh
Music	Muzik
New	Baru
Old	Lama
Orchestra	Orkestra
Rhythm	Irama
Song	Lagu
Style	Gaya
Talent	Bakat
Technique	Teknik

Kitchen
Kitchen

Apron	Apron
Bowl	Mangkuk
Chopsticks	Penyepit
Cups	Cawan
Food	Makanan
Forks	Garpu
Grill	Grill
Jar	Balang
Jug	Jag
Kettle	Cerek
Knives	Pisau
Ladle	Senduk
Napkin	Napkin
Oven	Ketuhar
Recipe	Resepi
Refrigerator	Peti Sejuk
Spices	Rempah
Sponge	Span
Spoons	Sudu
To Eat	Untuk Makan

Landscapes
Landskap

Beach	Pantai
Cave	Gua
Desert	Padang Pasir
Geyser	Geyser
Glacier	Glacier
Hill	Bukit
Iceberg	Aisberg
Island	Pulau
Lake	Tasik
Mountain	Gunung
Oasis	Oasis
Ocean	Lautan
Peninsula	Semenanjung
River	Sungai
Sea	Laut
Swamp	Paya
Tundra	Tundra
Valley	Lembah
Volcano	Gunung Berapi
Waterfall	Air Terjun

Literature
Kesusasteraan

Analogy	Analogi
Analysis	Analisis
Anecdote	Anekdot
Author	Penulis
Biography	Biografi
Comparison	Perbandingan
Conclusion	Kesimpulan
Description	Penerangan
Dialogue	Dialog
Fiction	Fiksyen
Metaphor	Metafora
Novel	Novel
Opinion	Pendapat
Poem	Puisi
Poetic	Puitis
Rhyme	Sajak
Rhythm	Irama
Style	Gaya
Theme	Tema
Tragedy	Tragedi

Mammals
Mamalia

Bear	Beruang
Beaver	Memang
Bull	Lembaga
Cat	Kucing
Coyote	Coyote
Dog	Anjing
Dolphin	Lumba-Lumba
Elephant	Gajah
Fox	Fox
Giraffe	Zirafah
Gorilla	Gorila
Horse	Kuda
Kangaroo	Kangaroo
Lion	Singa
Monkey	Monyet
Rabbit	Arnab
Sheep	Domba
Whale	Paus
Wolf	Serigala
Zebra	Zebra

Math
Matematik

Angles	Sudut
Arithmetic	Aritmetik
Circumference	Lilitan
Decimal	Perpuluhan
Diameter	Diameter
Division	Bahagian
Equation	Persamaan
Exponent	Eksponen
Fraction	Pecahan
Geometry	Geometri
Numbers	Nombor
Parallel	Selari
Parallelogram	Parallelogram
Perimeter	Perimeter
Polygon	Poligon
Radius	Jejari
Sum	Jumlah
Symmetry	Simetri
Triangle	Segitiga
Volume	Jilid

Measurements
Pengukuran

Byte	Bait
Centimeter	Sentimeter
Decimal	Perpuluhan
Degree	Ijazah
Depth	Kedalaman
Gram	Gram
Height	Ketinggian
Inch	Inci
Kilogram	Kilogram
Kilometer	Kilometer
Length	Panjang
Liter	Liter
Mass	Jisim
Meter	Meter
Minute	Minit
Ounce	Auns
Ton	Tan
Volume	Jilid
Weight	Berat Badan
Width	Lebar

Meditation
Meditasi

Acceptance	Penerimaan
Attention	Perhatian
Awake	Terjaga
Breathing	Bernafas
Calm	Tenang
Clarity	Kejelasan
Compassion	Belas Kasihan
Emotions	Emosi
Gratitude	Syukur
Habits	Tabiat
Kindness	Kebaikan
Mental	Mental
Movement	Pergerakan
Music	Muzik
Nature	Sifat
Peace	Keamanan
Perspective	Perspektif
Silence	Diam
Thoughts	Fikiran
To Learn	Untuk Belajar

Music
Muzik

Album	Album
Ballad	Balada
Chorus	Korus
Classical	Klasik
Harmonic	Harmonik
Harmony	Harmoni
Instrument	Alat
Lyrical	Lirik
Melody	Melodi
Microphone	Mikrofon
Musical	Muzik
Musician	Pemuzik
Opera	Opera
Poetic	Puitis
Recording	Rakaman
Rhythm	Irama
Rhythmic	Berirama
Sing	Menyanyi
Singer	Penyanyi
Vocal	Vokal

Musical Instruments
Alat Muzik

Banjo	Banjo
Bassoon	Bassoon
Cello	Cello
Chimes	Chimes
Clarinet	Clarinet
Drum	Gendang
Flute	Seruling
Gong	Gong
Guitar	Gitar
Harp	Kecapi
Mandolin	Mandolin
Marimba	Marimba
Oboe	Oboe
Percussion	Perkusi
Piano	Piano
Saxophone	Saksofon
Tambourine	Tamborin
Trombone	Trombon
Trumpet	Sangkakala
Violin	Biola

Mythology
Mitologi

Archetype	Pola
Behavior	Tingkah Laku
Beliefs	Kepercayaan
Creation	Ciptaan
Creature	Makhluk
Culture	Budaya
Deities	Dewa
Disaster	Bencana
Heaven	Syurga
Hero	Wira
Immortality	Keabadian
Jealousy	Cemburu
Labyrinth	Labirin
Legend	Legenda
Lightning	Kilat
Monster	Raksasa
Mortal	Mati
Revenge	Balas Dendam
Thunder	Guruh
Warrior	Pahlawan

Nature
Alam Semula Jadi

Animals	Haiwan
Arctic	Artik
Beauty	Kecantikan
Bees	Lebah
Cliffs	Tebing
Clouds	Awan
Desert	Padang Pasir
Dynamic	Dinamik
Erosion	Hakisan
Fog	Kabus
Foliage	Foliage
Forest	Hutan
Glacier	Glacier
Peaceful	Aman
River	Sungai
Sanctuary	Sanctuary
Serene	Tenang
Tropical	Tropika
Vital	Penting
Wild	Liar

Numbers
Nombor

Decimal	Perpuluhan
Eight	Lapan
Eighteen	Lapan Belas
Fifteen	Lima Belas
Five	Lima
Four	Empat
Fourteen	Empat Belas
Nine	Sembilan
One	Satu
Seven	Tujuh
Seventeen	Tujuh Belas
Six	Enam
Sixteen	Enam Belas
Ten	Sepuluh
Thirteen	Tiga Belas
Three	Tiga
Twelve	Dua Belas
Twenty	Dua Puluh
Two	Dua
Zero	Sifar

Nutrition
Pemakanan

Appetite	Selera
Balanced	Seimbang
Bitter	Pahit
Calories	Kalori
Carbohydrates	Karbohidrat
Diet	Diet
Digestion	Pencernaan
Edible	Boleh Dimakan
Fermentation	Penapaian
Flavor	Rasa
Habits	Tabiat
Health	Kesihatan
Healthy	Sihat
Nutrient	Nutrien
Proteins	Protein
Quality	Kualiti
Sauce	Sos
Toxin	Toksin
Vitamin	Vitamin
Weight	Berat Badan

Ocean
Lautan

Algae	Alga
Coral	Karang
Crab	Ketam
Dolphin	Lumba-Lumba
Eel	Belut
Fish	Ikan
Jellyfish	Obor-Obor
Octopus	Sotong
Oyster	Tiram
Reef	Terumbu
Salt	Garam
Seaweed	Rumpai Laut
Shark	Yu
Shrimp	Udang
Sponge	Span
Storm	Ribut
Tides	Air Pasang
Tuna	Tuna
Turtle	Penyu
Whale	Paus

Pets
Haiwan Peliharaan

Cat	Kucing
Claws	Cakar
Collar	Kolar
Cow	Lembu
Dog	Anjing
Fish	Ikan
Food	Makanan
Goat	Kambing
Hamster	Hamster
Kitten	Anak Kucing
Leash	Tali
Lizard	Bacak
Mouse	Tikus
Parrot	Bayang
Puppy	Anak Anjing
Rabbit	Arnab
Tail	Ekor
Turtle	Penyu
Veterinarian	Doktor Haiwan
Water	Air

Philanthropy
Kedermawanan

Challenges	Cabaran
Charity	Amal
Children	Kanak-Kanak
Community	Komuniti
Contacts	Kenalan
Donate	Menderma
Finance	Kewangan
Funds	Dana
Global	Global
Goals	Matlamat
Groups	Kumpulan
History	Sejarah
Honesty	Kejujuran
Humanity	Kemanusiaan
Mission	Misi
Need	Perlu
People	Orang
Programs	Program
Public	Awam
Youth	Belia

Physics
Fizik

Acceleration	Pecutan
Atom	Atom
Chaos	Huru-Hara
Chemical	Kimia
Density	Ketumpatan
Electron	Elektron
Engine	Enjin
Expansion	Pengembangan
Formula	Formula
Frequency	Kekerapan
Gas	Gas
Magnetism	Magnet
Mass	Jisim
Mechanics	Mekanik
Molecule	Molekul
Nuclear	Nuklear
Particle	Habuk
Relativity	Kerelatifan
Speed	Kelajuan
Universal	Universal

Plants
Tumbuh-Tumbuhan

Bamboo	Buluh
Bean	Kacang
Berry	Berry
Botany	Botani
Bush	Belukar
Cactus	Kaktus
Fertilizer	Baja
Flora	Flora
Flower	Bunga
Foliage	Foliage
Forest	Hutan
Garden	Taman
Grass	Rumput
Ivy	Ivy
Moss	Lumut
Petal	Kelopak
Root	Akar
Stem	Batang
Tree	Pokok
Vegetation	Tumbuhan

Professions #1
Profesion #1

Ambassador	Duta
Attorney	Peguam
Banker	Jurubank
Cartographer	Pelukis
Coach	Jurulatih
Dancer	Penari
Doctor	Doktor
Editor	Editor
Firefighter	Anggota Bomba
Geologist	Ahli Geologi
Hunter	Pemburu
Jeweler	Tukang Emas
Musician	Pemuzik
Nurse	Jururawat
Pianist	Pianist
Plumber	Tukang Paip
Sailor	Kelasi
Scientist	Saintis
Tailor	Tukang Jahit
Veterinarian	Doktor Haiwan

Professions #2
Profesion #2

Astronaut	Angkasawan
Biologist	Ahli Biologi
Dentist	Doktor Gigi
Detective	Detektif
Engineer	Jurutera
Farmer	Petani
Gardener	Tukang Kebun
Illustrator	Ilustrator
Inventor	Pencipta
Journalist	Wartawan
Librarian	Pustakawan
Linguist	Ahli Bahasa
Painter	Pelukis
Philosopher	Falsafah
Photographer	Jurugambar
Physician	Doktor
Pilot	Juruterbang
Surgeon	Pakar Bedah
Teacher	Guru
Zoologist	Zoologis

Psychology
Psikologi

Appointment	Pelantikan
Assessment	Penilaian
Behavior	Tingkah Laku
Clinical	Klinikal
Cognition	Kognisi
Conflict	Konflik
Dreams	Impian
Ego	Ego
Emotions	Emosi
Experiences	Pengalaman
Ideas	Idea
Influences	Pengaruh
Memories	Kenangan
Perception	Persepsi
Personality	Personaliti
Problem	Masalah
Reality	Realiti
Sensation	Sensasi
Therapy	Terapi
Thoughts	Fikiran

Rainforest
Hutan Hujan

Amphibians	Amfibia
Birds	Burung
Botanical	Botani
Climate	Iklim
Clouds	Awan
Community	Komuniti
Diversity	Kepelbagaian
Indigenous	Asli
Insects	Serangga
Jungle	Hutan
Mammals	Mamalia
Moss	Lumut
Nature	Sifat
Preservation	Pemeliharaan
Refuge	Perlindungan
Respect	Hormat
Restoration	Pemulihan
Species	Spesies
Survival	Survival
Valuable	Berharga

Science
Sains

Atom	Atom
Chemical	Kimia
Climate	Iklim
Data	Data
Evolution	Evolusi
Experiment	Eksperimen
Fact	Fakta
Fossil	Fosil
Gravity	Graviti
Hypothesis	Hipotesis
Laboratory	Makmal
Method	Kaedah
Minerals	Mineral
Molecules	Molekul
Nature	Sifat
Organism	Organisma
Particles	Zarah
Physics	Fizik
Plants	Tumbuhan
Scientist	Saintis

Science Fiction
Fiksyen Sains

Atomic	Atom
Books	Buku
Chemicals	Bahan Kimia
Cinema	Pawagam
Dystopia	Dystopia
Explosion	Letupan
Extreme	Melampau
Fantastic	Hebat
Fire	Api
Futuristic	Futuristik
Galaxy	Galaxy
Illusion	Ilusi
Imaginary	Khayalan
Mysterious	Misteri
Oracle	Oracle
Planet	Planet
Robots	Robot
Technology	Teknologi
Utopia	Utopia
World	Dunia

Scientific Disciplines
Disiplin Saintifik

Anatomy	Anatomi
Archaeology	Arkeologi
Astronomy	Astronomi
Biochemistry	Biokimia
Biology	Biologi
Botany	Botani
Chemistry	Kimia
Ecology	Ekologi
Geology	Geologi
Immunology	Imunologi
Kinesiology	Kinesiologi
Linguistics	Linguistik
Mechanics	Mekanik
Mineralogy	Mineralogi
Neurology	Neurologi
Physiology	Fisiologi
Psychology	Psikologi
Sociology	Sosiologi
Thermodynamics	Termodinamik
Zoology	Zoologi

Spices
Rempah-Rempah

Anise	Bunga
Bitter	Pahit
Cardamom	Buah Pelaga
Cinnamon	Kayu Manis
Clove	Cengkih
Coriander	Ketumbar
Cumin	Jintan
Curry	Kari
Fennel	Adas
Fenugreek	Fenugreek
Flavor	Rasa
Garlic	Bawang Putih
Ginger	Halia
Nutmeg	Pala
Onion	Bawang
Paprika	Paprika
Saffron	Saffron
Salt	Garam
Sweet	Manis
Vanilla	Vanila

Technology
Teknologi

Blog	Blog
Browser	Pelayar
Bytes	Bait
Camera	Kamera
Computer	Komputer
Cursor	Kursor
Data	Data
Digital	Digital
Display	Paparan
File	Fail
Font	Fon
Internet	Internet
Message	Mesej
Research	Penyelidikan
Screen	Skrin
Security	Keselamatan
Software	Perisian
Statistics	Statistik
Virtual	Maya
Virus	Virus

The Company
Syarikat

Business	Perniagaan
Creative	Kreatif
Decision	Keputusan
Employment	Pekerjaan
Global	Global
Industry	Industri
Innovative	Inovatif
Investment	Pelaburan
Possibility	Kemungkinan
Presentation	Persembahan
Product	Produk
Professional	Profesional
Progress	Kemajuan
Quality	Kualiti
Reputation	Reputasi
Resources	Sumber
Revenue	Pendapatan
Risks	Risiko
Trends	Trend
Units	Unit

The Media
Media

Advertisements	Iklan
Attitudes	Sikap
Commercial	Komersial
Communication	Komunikasi
Digital	Digital
Edition	Edisi
Education	Pendidikan
Facts	Fakta
Funding	Pembiayaan
Individual	Individu
Industry	Industri
Intellectual	Intelek
Local	Tempatan
Magazines	Majalah
Network	Rangkaian
Newspapers	Akhbar
Online	Dalam Talian
Opinion	Pendapat
Public	Awam
Radio	Radio

Time
Masa

After	Selepas
Annual	Tahunan
Before	Sebelum
Calendar	Kalendar
Century	Abad
Day	Hari
Decade	Dekad
Early	Awal
Future	Masa Depan
Hour	Jam
Minute	Minit
Month	Bulan
Morning	Pagi
Night	Malam
Noon	Tengah Hari
Now	Sekarang
Today	Hari Ini
Week	Minggu
Year	Tahun
Yesterday	Semalam

Town
Pekan

Bakery	Roti
Bank	Bank
Bookstore	Kedai Buku
Cafe	Kafe
Cinema	Pawagam
Clinic	Klinik
Florist	Kedai Bunga
Gallery	Galeri
Hotel	Hotel
Library	Perpustakaan
Market	Pasaran
Museum	Muzium
Pharmacy	Farmasi
School	Sekolah
Stadium	Stadium
Store	Kedai
Supermarket	Pasaraya
Theater	Teater
University	Universiti
Zoo	Zoo

Universe
Alam Semesta

Asteroid	Asteroid
Astronomy	Astronomi
Atmosphere	Suasana
Cosmic	Kosmik
Darkness	Kegelapan
Equator	Khatulistiwa
Galaxy	Galaxy
Hemisphere	Hemisfera
Horizon	Horizon
Latitude	Latitud
Longitude	Longitud
Moon	Bulan
Orbit	Orbit
Sky	Langit
Solar	Solar
Solstice	Solstice
Telescope	Teleskop
Tilt	Condong
Visible	Kelihatan
Zodiac	Zodiak

Vacation #2
Percutian #2

Beach	Pantai
Destination	Destinasi
Foreign	Asing
Foreigner	Warga Asing
Holiday	Cuti
Hotel	Hotel
Island	Pulau
Journey	Perjalanan
Leisure	Riadah
Map	Peta
Mountains	Gunung
Passport	Pasport
Reservations	Tempahan
Restaurant	Restoran
Sea	Laut
Taxi	Teksi
Tent	Khemah
Train	Kereta Api
Transportation	Pengangkutan
Visa	Visa

Vegetables
Sayur-Sayuran

Artichoke	Artichoke
Broccoli	Brokoli
Carrot	Lobak Merah
Celery	Saderi
Cucumber	Timun
Eggplant	Terung
Garlic	Bawang Putih
Ginger	Halia
Mushroom	Cendawan
Olive	Zaitun
Onion	Bawang
Parsley	Parsli
Pea	Kacang
Potato	Kentang
Pumpkin	Labu
Radish	Lobak
Salad	Salad
Shallot	Shallot
Spinach	Bayam
Tomato	Tomato

Vehicles
Kenderaan

Airplane	Kapal Terbang
Ambulance	Ambulans
Bicycle	Basikal
Boat	Bot
Bus	Bas
Car	Kereta
Engine	Enjin
Ferry	Feri
Helicopter	Helikopter
Motor	Motor
Raft	Rakit
Rocket	Roket
Scooter	Skuter
Shuttle	Ulang-Alik
Submarine	Kapal Selam
Taxi	Teksi
Tires	Tayar
Tractor	Traktor
Train	Kereta Api
Truck	Lori

Visual Arts
Seni Visual

Architecture	Seni Bina
Artist	Artis
Ceramics	Seramik
Chalk	Kapur
Charcoal	Arang
Clay	Tanah Liat
Composition	Komposisi
Creativity	Kreativiti
Easel	Kuda-Kuda
Film	Filem
Masterpiece	Karya
Painting	Lukisan
Pen	Pen
Pencil	Pensil
Perspective	Perspektif
Photograph	Gambar
Portrait	Potret
Pottery	Tembikar
Stencil	Stensil
Wax	Lilin

Weather
Cuaca

Atmosphere	Suasana
Calm	Tenang
Climate	Iklim
Cloud	Awan
Drought	Kemarau
Dry	Kering
Fog	Kabus
Hurricane	Taufan
Ice	Ais
Lightning	Kilat
Monsoon	Monsun
Polar	Kutub
Rainbow	Pelangi
Sky	Langit
Storm	Ribut
Temperature	Suhu
Thunder	Guruh
Tornado	Tornado
Tropical	Tropika
Wind	Angin

Congratulations

You made it!

We hope you enjoyed this book as much as we enjoyed making it. We do our best to make high quality games.
These puzzles are designed in a clever way for you to learn actively while having fun!

Did you love them?

A Simple Request

Our books exist thanks your reviews. Could you help us by leaving one now?

Here is a short link which will take you to your order review page:

BestBooksActivity.com/Review50

MONSTER CHALLENGE!

Challenge #1

Ready for Your Bonus Game? We use them all the time but they are not so easy to find. Here are **Synonyms**!

Note 5 words you discovered in each of the Puzzles noted below (#21, #36, #76) and try to find 2 synonyms for each word.

Note 5 Words from *Puzzle 21*

Words	Synonym 1	Synonym 2

Note 5 Words from *Puzzle 36*

Words	Synonym 1	Synonym 2

Note 5 Words from *Puzzle 76*

Words	Synonym 1	Synonym 2

Challenge #2

Now that you are warmed-up, note 5 words you discovered in each Puzzle noted below (#9, #17, #25) and try to find 2 antonyms for each word. How many lines can you do in 20 minutes?

Note 5 Words from **Puzzle 9**

Words	Antonym 1	Antonym 2

Note 5 Words from **Puzzle 17**

Words	Antonym 1	Antonym 2

Note 5 Words from **Puzzle 25**

Words	Antonym 1	Antonym 2

Challenge #3

Wonderful, this monster  challenge is nothing to you!

Ready for the last one? Choose your 10 favorite words discovered in any of the Puzzles and note them below.

1.	6.
2.	7.
3.	8.
4.	9.
5.	10.

Now, using these words and within a maximum of six sentences, your challenge is to compose a text about a person, animal or place that you love!

Tip: You can use the last blank page of this book as a draft!

Your Writing:

Explore a Unique Store
Set Up **FOR YOU!**

MEGA DEALS

BestActivityBooks.com/**TheStore**

Designed for Entertainment!

Light Up Your Brain With Unique **Gift Ideas**.

Access **Surprising** And **Essential Supplies!**

CHECK OUT OUR MONTHLY SELECTION NOW!

- Expertly Crafted Products -

NOTEBOOK:

SEE YOU SOON!

Linguas Classics Team